Langenscheidt

Basiswortschatz
Italienisch

Ein nach Sachgebieten geordnetes
Lernwörterbuch mit Satzbeispielen

von

B. Holle, M. Lorenzini

Langenscheidt

Berlin · München · Wien · Zürich · New York

Herausgegeben von der Langenscheidt-Redaktion

2 3 4 5 · 05 04 03 02

© 2001 Langenscheidt KG, Berlin und München
Druck und Bindung: Druckhaus Thomas Müntzer, Bad Langensalza
Printed in Germany ISBN 3-468-20356-X

INHALT

Einführung

Um gute Kenntnisse einer Fremdsprache zu erwerben, beginnt man am besten, in dem man sich eine gute Basis des Wortschatzes aneignet und diese dann nach und nach erweitert. Diese Tatsache spiegelt sich in den Lehrplänen und modernen Lehrwerken wider. Langenscheidts Basiswortschatz Italienisch ist sehr gut geeignet, sich diesen Grundbestand an Wortschatz zu erarbeiten. Er ist nach folgenden Prinzipien aufgebaut:

- Anordnung der Wörter nach Themenbereichen und Fachgebieten
- für jedes Wort mindestens ein möglichst lebensnahes Anwendungsbeispiel mit deutscher Übersetzung
- Basiswortschatz von 2000 Bedeutungen
- keine Ausrichtung an bestimmte Lehrwerke oder Altersgruppen, weder zu kindlich noch zu „abgehoben"
- geeignet für alle Lernenden, die in der Sekundarstufe I, in Einrichtungen der Erwachsenenbildung oder als Selbstlerner Italienisch lernen oder für Beruf oder Urlaub brauchen.

Aufbau

Das Grundprinzip der Benutzerfreundlichkeit wurde im neuen Basiswortschatz Italienisch weiterentwickelt, verbessert und ergänzt.

Die Wortschatzauswahl wurde nach Kriterien wie Häufigkeit, Aktualität und Gebrauchswert getroffen. Die Satzbeispiele sind mit dem Ziel gestaltet, die Bedeutung auch ohne Hilfe der deutschen Übersetzung möglichst eindeutig zu vermitteln, die Wörter in typischen Zusammenhängen (Kollokationen) zu präsentieren, den jeweiligen Themenbereichen gerecht zu werden und durch die Auswahl der Beispiele die Benutzer zu interessieren und zur Weiterarbeit zu motivieren.

Auch innerhalb eines Kapitels sind die Stichwörter nicht alphabetisch, sondern nach inhaltlichen Gesichtspunkten angeordnet.

Ebenfalls ganz neu ist eine Reihe von Lernhilfen, die den besonderen Schwierigkeiten Deutscher, die Italienisch lernen, Rechnung trägt. So wird zum Beispiel mit Hilfe des Warndreiecks auf grammatische Besonderheiten und typische Fehler hingewiesen, und durch das Info-Zeichen hervorgehobene Hinweise geben zusätzliche Informationen zur Aussprache, Schreibung, zum richtigen Gebrauch, zur Unterscheidung von leicht verwechselbaren Wörtern, zu wichtigen landeskundlichen Fakten sowie zur Wortbildung.

Wo es sinnvoll erscheint, werden zu den italienischen Stichwörtern auch Synonyme (Wörter mit gleicher oder sehr ähnlicher Bedeutung) und Antonyme (Wörter mit entgegengesetzter Bedeutung) gegeben, soweit sie Bestandteil dieses Wortschatzes sind, weil diese für den aktiven Umgang mit der Sprache wichtig sind und ihre Kenntnis zu den Anforderungen in Unterrichtung und Prüfung gehört.

Das Lernen mit dem Basiswortschatz

Eine angemessene Lerntechnik ist die Voraussetzung für den Lernerfolg. Wir möchten Ihnen dazu einige Anregungen geben:

1. Nutzen Sie den Vorteil der Gliederung nach Sachgebieten und arbeiten Sie nicht Seiten, sondern Sachgebiete durch. Zwischen den Wörtern eines Sachgebietes bestehen Assoziationen. Die Sachgebiete spiegeln inhaltliche Zusammenhänge wider. Auch die Sachgebietsbezeichnungen sind bereits Merkhilfen. Es ist experimentell erwiesen, dass Wortschatz, der thematisch zusammenhängend erlernt wird, besser behalten wird.

2. Wenn Sie *einzelne* Sachgebiete durcharbeiten, fangen Sie vielleicht zuerst mit denen an, die Sie besonders interessieren, dann die anderen. Vergessen Sie aber nicht, sich nach und nach *alle* Sachgebiete anzuzeigen.

3. Wir empfehlen Ihnen, den Ablauf des Lernvorgangs zu systematisieren und portionsweise zu lernen. Lesen Sie ein Kästchen (fett gedrucktes Stichwort und Anwendungsbeispiel) und prägen Sie sich die Wortgleichung ein. Gehen Sie mehrere Kästchen auf diese Weise durch und decken Sie dann von diesem „Block" die linke Spalten ab. Sprechen Sie sich nun das verdeckte Stichwort laut vor – wenn Sie wollen, auch das Anwendungsbeispiel. Dann kontrollieren Sie durch Aufdecken der linken Spalte. Wörter, die Sie noch nicht beherrschen, können Sie am Rand kennzeichnen – vielleicht durch ein Kreuzchen – und nochmals gesondert lernen. Abschließend nochmalige Kontrolle (Sprechen und Schreiben) des ganzen „Blocks".

4. Lernvarianten: Sie können die rechte (statt linke) Spalte abdecken und entsprechend wie unter 3 beschrieben arbeiten. Sie können auch nur die Anwendungsbeispiele lernen, um vom Zusammenhang her die Bedeutung eines Wortes im Gedächtnis zu fixieren oder den Grundwortschaft „umzuwälzen".

5. Über ein einzelnes Wort, das Sie im alphabetischen Register nachschlagen, können Sie auch zu einem bestimmten Sachgebiet kommen und so in einem sinnvollen Zusammenhang lernen.

6. Es empfiehlt sich, täglich (mit Pausen!) ein bestimmtes Pensum zu lernen. In einigen Wochen beherrschen Sie dann einen systematisch aufgebauten Basiswortschatz – den Wortschatz, auf den es ankommt. Diesen sollten Sie in gewissen zeitlichen Abständen wiederholen und überprüfen.

7. „Langenscheidts Basiswortschatz Italienisch" ist lehrbuchunabhängig. Trotzdem eignet er sich auch zur Aktivierung, Wiederholung und Systematisierung des Wortschatzes im Unterricht, z.B.

   • zur Bereitstellung des entsprechenden Wortschatzes vor kommunikativen Übungen oder der Durchnahme bestimmter Texte;
   • zur Wortfeldarbeit nach der Durcharbeitung eines bestimmten Textes, der wesentliche Teil dieses Wortfeldes enthielt;
   • zur Erschließung und zum Aufbau eines Sachgebiets vom Einzelwort aus (über das Register).

Wir wünschen Ihnen bei der Arbeit mit diesem Wortschatz viel Spaß und Erfolg!

Aussprache

In der folgenden Übersicht sehen Sie links den Buchstaben, dann die Erklärung zur Aussprache und zuletzt die Beispiele. Gewöhnlich werden die Wörter auf der vorletzten Silbe betont. Bei Abweichungen von dieser Regel haben wir die betonte Silbe unterstrichen.

Vokale und Vokalverbindungen	
a	• offen wie in *Gatte:* la la**na** *die Wolle,* la pie**tà** *das Mitleid*
e	• in betonten Silben und Diphtongen: offen wie in *Fenster;* **e**cco *da* • wenn es unbetont ist: geschlossen wie in *Nebel:* la se**ra**ta *der Abend*
i	• wenn *es* betont ist: gedehnt wie in *Wiege, Spiel;* il v**i**no *(der Wein)* • in einsilbigen Wörter und vor mehreren Konsonanten: kurz wie in *Idee;* lì, il si**gno**re *(dort, der Herr)* • zwischen zwei Vokalen: wie dt. [j]; feb**bra**io *Februar*
o	• als betonter Endvokal und in Vokalverbindungen: offen wie in *Wolle;* per**ò** *aber,* il fu**o**co *das Feuer* • wenn unbetont: geschlossen wie in *Sohn;* se**ve**ro *streng*
u	• wie in *Schule:* **tu**tto *alles*
ie, uo	• diese Vokalverbindungen werden auf dem zweiten Vokal betont, der offen auszusprechen ist: **ie**ri *gestern,* n**uo**vo *neu.*
au, ei, eu	• jeder Vokal behält seinen Klangcharakter: **eu**ro**pe**o *europäisch*

Konsonanten und Konsonantenverbindungen	
b, d	• im Gegensatz zum Deutschen sehr weich und stimmhaft: il **b**am**b**ino *das Kind*
f, l, m, n	• ähnlich wie im Deutschen: il **l**atte *die Milch*
p, t	• im Gegensatz zum Deutschen nicht aspiriert: la **p**osta *die Post*
h	• wird im Italienischen nicht gesprochen: l'**h**otel *das Hotel*
c, g	• vor den Vokalen **a, o, u** und vor **h:** wie das deutsche *k* bzw. *g* il **c**ane *der Hund* • vor **e** und **i:** wie in *Tschüß* und *Gin* la **c**ena *das Abendessen*
gl	• ähnlich wie *l* in *Familie:* il fo**gl**io *das Blatt*
gn	• wie in *Kognak:* giu**gn**o *Juni*
qu	• das **u** ist deutlich als solches zu sprechen: il **qu**adro *das Bild*
r	• mit der Zungenspitze gerollt: la **r**uota *das Rad*

s	• am Wortanfang vor Vokal, vor stimmlosen Konsonanten (**c, f, p, q, t**)
	  und nach **l, n, r:** stimmlos wie in *Hast;* il **s**ole *die Sonne,* la **sc**uola
	  die Schule, co**s**tare *kosten,* la cor**s**a *das Rennen*
	• vor stimmhaften Konsonanten (**b, d, g, l, m, n, r, v**) und zwischen
	  Vokalen: stimmhaft wie in *Sonne;* lo **s**baglio *der Fehler,* la ro**s**a
	  die Rose

sce, sci	• wie *sch* in *schön:* la**sci**are *lassen*
v	• wie das deutsche *w:* **v**ero *wahr*

z	• vor einem Vokal und nach **l, n, r:** stimmlos wie in *Zahn* la **z**ucca *der*
	  Kürbis, al**z**are *herheben*
	• zwischen Vokalen oder vor zwei Vokalen: wie *d* + stimmhaftes *s;*
	  l'a**z**alea *die Azalee,* lo **z**aino *der Rucksack*

Merken Sie sich, dass Doppelkonsonanten im Italienischen auch **doppelt** gesprochen werden!

KÖRPER UND WESEN

corpo *m*
  Una vacanza al mare fa bene al **corpo** e allo spirito.

Körper *m*
  Ein Urlaub am Meer tut Körper und Seele gut.

testa *f*
  Navigare in internet mi fa venire mal di **testa**.

Kopf *m*
  Wenn ich im Internet surfe, bekomme ich Kopfschmerzen.

viso *m syn:* faccia
  Esistono creme per il **viso** e creme per il corpo.

Gesicht *n*
  Es gibt Cremes für das Gesicht und Cremes für den Körper.

faccia *f* ⚠ *pl* **cce**
  Dai, non fare quella **faccia**!

Gesicht *n*
  Mach doch nicht so ein Gesicht!

Viso benutzt man vor allem, wenn man den Körperteil meint, *faccia* bezeichnet eher den Gesichtsausdruck. Das *i* bleibt stumm und man spricht die ganze Buchstabenfolge *ccia* wie „tscha" aus, wobei die Betonung auf *fa* liegt. Im Plural wird entsprechend das *cce* wie „tsche" ausgesprochen.

capello *m*
  Mi sono tinta i **capelli** di rosso.

Haar *n*
  Ich habe mir die Haare rot gefärbt.

Im Italienischen macht man einen Unterschied zwischen Kopfhaar *capello* und Körperhaar *pelo*.

naso *m*
  La mia gatta mette il **naso** dappertutto.

Nase *f*
  Meine Katze steckt ihre Nase überall hinein.

occhio *m* ⚠ *pl* **cchi**
  Occhio per **occhio**, dente per dente.

Auge *n*
  Auge um Auge, Zahn um Zahn.

orecchio *m* ⚠ *pl le orecchie,*
gli orecchi
Apri bene le **orecchie** e stai
attento.

Ohr *n* → dito

Sperr die Ohren auf und pass
gut auf!

 Das *io* sowie das *ia* am Ende eines Substantivs werden meist
als einsilbiges „jo" bzw. „ja" ausgesprochen und die Betonung
liegt auch hier auf der vorletzten Silbe, in diesem Fall also auf
„re".

bocca *f* ⚠ *pl cche*
Che cos'hai in **bocca?**

Mund *m*
Was hast du im Mund?

dente *m*
Mi stanno spuntando i **denti** del
giudizio.

Zahn *m*
Ich bekomme gerade die Weis-
heitszähne.

lingua *f*
Mi sono morsicato la **lingua**.

Zunge *f*
Ich habe mir in die Zunge ge-
bissen.

collo *m*
Le giraffe hanno il collo lungo.

Hals *m;*
Giraffen haben einen langen
Hals.

gola *f*
Il dottore mi ha guardato la
gola.

Hals *m;* **Rachen** *m*
Der Arzt hat mir in den Rachen
geschaut.

 Collo ist der Hals von außen gesehen, *gola* ist der Hals von
innen, also der Rachen.

petto *m*
Pancia in dentro e **petto** in
fuori!

Brust *f*
Bauch rein, Brust raus!

schiena *f*
Adesso facciamo un esercizio
per la **schiena**.

Rücken *m*
Wir machen jetzt eine Übung
für den Rücken.

braccio *m* ⚠ *pl le braccia*
Alzate le **braccia** e piegate il busto in avanti.

Arm *m* → dito
Die Arme heben und den Rumpf nach vorn beugen.

 Der Plural *i bracci* bezeichnet Seitenarme und Verzweigungen eines Flusses.

mano *f* ⚠ *pl le mani*
Una **mano** lava l'altra.

Hand *f*
Eine Hand wäscht die andere.

dito *m* ⚠ *pl le dita*
Ho le dita (dei piedi) gelate.

Finger *m;* **Zehe** *f*
Ich habe eiskalte Zehen.

 Das Substantiv *dito* wird sowohl für die Finger als auch für die Fußzehen verwendet. Man beachte, dass im Italienischen bei vielen Körperteilen wie *l'orecchio, il braccio, il dito* der Singular männlich und der Plural weiblich ist.

unghia *f* ⚠ *pl le unghie*
A molte donne piacciono le unghie lunghe e colorate.

Nagel *m* → orecchio TIPP
Viele Frauen mögen lange, farbig lackierte Nägel.

gamba *f*
Ha le **gambe** lunghe, magre e un po' storte.

Bein *n*
Er/Sie hat lange, dünne und etwas krumme Beine.

piede *m*
Martino ha i **piedi** piatti.

Fuß *m*
Martino hat Plattfüße.

sangue *m*
Il medico ha detto che devo fare le analisi del **sangue.**

Blut *n*
Der Arzt hat gesagt, ich müsse eine Blutuntersuchung machen lassen.

pelle *f*
D'inverno molta gente ha la **pelle** secca.

Haut *f*
Viele haben im Winter eine trockene Haut.

cuore *m*
Quando lo incontro mi batte forte il **cuore.**

Herz *n*
Wenn ich ihn sehe, schlägt mein Herz höher.

pancia *f* ⚠ *pl ce*
Mio marito ha la pancia.

Bauch *m*
Mein Mann hat er einen Bauch.

stomaco *m* ⚠ *pl* **chi** *oder* **ci**
Le cipolle mi rimangono sullo **stomaco**.

Magen *m*
Die Zwiebeln liegen mir schwer im Magen.

aspetto *m*
Gli Italiani curano molto l'**aspetto** esteriore.

Aussehen *n*
Die Italiener legen großen Wert auf ihr Aussehen.

stare *v* ⚠ *irr* 76
Questa minigonna ti **sta** benissimo.

stehen; passen
Der Minirock steht dir sehr gut.

carino, a *adj syn:* bello
Guarda che **carino** quel ragazzo!

hübsch
Sieh mal, der Junge dort – ist der hübsch!

bello, a *adj opp:* brutto
Lucia è **bella,** simpatica e intelligente!

schön, hübsch
Lucia ist hübsch, sympathisch und intelligent.

 Wenn *bello* vor dem Substantiv steht, hat es dieselben Endungen wie der bestimmte Artikel: *un bel signore, dei bei regali, un bell'abito.* → buono, ⓘ S. 42.

brutto, a *adj opp:* bello
Quei due là sono proprio **brutti.**

hässlich
Die beiden da sind ausgesprochen hässlich.

bellezza *f*
La **bellezza** non è tutto!

Schönheit *f*
Schönheit ist nicht alles!

alto, a *adj opp:* piccolo, basso
Sono sorelle, ma una è **alta** e l'altra è bassa.

hoch; groß
Die beiden sind Schwestern, aber die eine ist groß und die andere klein.

 Alto bezieht sich auf die räumliche Größe, während *grande* auch für groß im Sinne von bedeutsam und älter gebraucht wird.

grande *adj opp:* piccolo
Ha gli occhi **grandi** e neri.

Mia sorella è più **grande** di me.

groß → alto, **älter**
Er/Sie hat große, schwarze Augen.

Meine Schwester ist älter als ich.

 Der Plural von Adjektiven, die auf *-e* enden, wird mit *-i* gebildet, also *i grandi occhi* und *le grandi mani*. *Grande* wird in bestimmten Wendungen vor Vokalen zu *grand'* bzw. *gran* vor Konsonanten verkürzt: *un grand'uomo*.

grosso, a *adj*
È un bambino grande e **grosso**.

kräftig
Er ist ein großes, kräftiges Kind.

 Grosso bezeichnet jemanden, der kräftig gebaut ist, während *grasso* jemanden bezeichnet, der dick, also fett ist.

piccolo, a *adj opp:* grande
Luigi è un po' **piccolo**, non trovi?
Io sono più **piccola** di un anno.

klein → basso, **jünger**
Luigi ist ein bisschen klein, findest du nicht?
Ich bin ein Jahr jünger.

 Piccolo wird für die Größe wie auch für das Alter (jung) verwendet.

basso, a *adj syn:* piccolo,
opp: alto
Molti italiani sono di bassa statura.

klein

Viele Italiener sind klein.

 Piccolo und *basso* sind Synonyme. Allerdings ist *basso* sehr abschätzig und kann bei Menschen eigentlich nur in der Wendung *essere di bassa statura* gebraucht werden. *Piccolo* kann für alles verwendet werden, was klein ist, also auch Gegenstände, während *basso* noch im Sinne von niedrig gebraucht wird.

grasso, a *adj opp:* magro
Marcello è **grasso**, mangia troppa pastasciutta!

dick → grosso
Marcello ist vielleicht dick! Er isst wohl zu viel Pastasciutta!

ingrassare *v*
In vacanza di solito **ingrasso** di qualche chilo.

zunehmen
Im Urlaub nehme ich meist einige Kilo zu.

magro, a *adj opp:* grasso
Sei così **magra**, dovresti ingrassare un po'.

mager, schlank
Du bist so mager, du solltest ein bisschen zunehmen.

mente *f*
Studiare troppo affatica la **mente.**

Geist *m;* **Verstand** *m*
Übermäßiges Lernen ermüdet den Geist.

idea *f*
Hai sempre delle ottime **idee**.
Non ne ho **idea**.

Idee *f;* **Ahnung** *f;* **Vorstellung** *f*
Du hast immer tolle Ideen.
Ich habe keine Ahnung.

pensare *v*
Penso, quindi sono.

denken; glauben; meinen
Ich denke, also bin ich.

capire *v syn:* comprendere
⚠ *capisco*
Purtroppo non **capiamo** il tedesco.

begreifen; verstehen

Wir verstehen leider kein Deutsch.

comprendere *v syn:* capire
⚠ *irr* 54
Luca non ha **compreso** il senso delle mie parole.

verstehen; begreifen

Luca hat den Sinn meiner Worte nicht verstanden.

ricordare *v*
Ti **ricordi** ancora di me?

Ricordati di comprare il latte per domani!

sich erinnern; daran denken
Erinnerst du dich noch an mich?
Denk dran, die Milch für morgen zu besorgen!

interessarsi *v*
Mi interesso di arte contemporanea.

sich interessieren
Ich interessiere mich für zeitgenössische Kunst.

buono, a *adj opp:* cattivo

È sempre molto **buono** con noi.

brav; lieb; gut → buono,
ⓘ S. 42
Er ist immer sehr gut zu uns.

bravo, a *adj*
È proprio un **bravo** ragazzo.

lieb; gut
Er ist wirklich ein lieber Junge.

gentile *adj opp:* sgarbato
Grazie mille, è stato **gentile** da parte tua!

freundlich; nett
Vielen Dank, das war nett von dir!

amichevole *adj syn:* gentile
Luigi e Paolo sono in rapporti **amichevoli.**

freundschaftlich
Luigi und Paolo haben ein freundschaftliches Verhältnis.

caro, a *adj*
È una persona molto **cara.**

lieb
Er/Sie ist ein sehr lieber Mensch.

orgoglioso, a *adj*
Non essere sempre così **orgoglioso!**
Sono **orgogliosa** di te.

stolz; hochmütig; eingebildet
Sei nicht immer so hochmütig!

Ich bin stolz auf dich.

pigro, a *adj*
Ma come sei **pigro!**

faul
Du bist einfach stinkfaul!

paziente *adj*
Fabio è un insegnante molto **paziente.**

geduldig
Fabio ist ein sehr geduldiger Lehrer.

pazienza *f*
Ci vuole molta **pazienza** con lui.

Geduld *f*
Man muss viel Geduld mit ihm haben.

attento, a *adj opp:* sbadato
Luigi è molto **attento** e diligente.

aufmerksam
Luigi ist sehr aufmerksam und fleißig.

sentirsi *v △ mi sento*
Senza il telefonino **mi sentirei** sola.

sich fühlen
Ohne mein Handy würde ich mich einsam fühlen.

piacere *v △ irr 50*
La marmellata non mi **piace.**

gefallen; schmecken
Marmelade schmeckt mir nicht.

amare *v*
Caro, mi **ami** ancora?

lieben; mögen
Liebst du mich noch, mein Schatz?

volere bene v ⚠ irr 88
Ci **vogliamo** tanto **bene**!

gern haben; lieb haben; mögen
Wir mögen einander sehr.

 Amare und *voler bene* sind die geläufigen Ausdrücke für Zunei-
gung. *amare* bezieht sich auf den Lebenspartner und ist inten-
siver, *voler bene* ist weniger intim und wird für Freunde, Ver-
wandte und Tiere verwendet.

contento, a adj
Sono **contenti** di cambiare in-
segnante.

froh; zufrieden
Sie sind froh, dass sie einen
neuen Lehrer bekommen.

felice adj opp: infelice
Sono **felice** con lui.

glücklich
Ich bin glücklich mit ihm.

gioia f syn: felicità ⚠ pl ie
Che **gioia** rivederti!

Freude f
Welche Freude, dich wiederzu-
sehen!

felicità f opp: tristezza
Era raggiante di **felicità**.

Glück n
Er/Sie strahlte vor Glück.

divertimento m
Buone vacanze e buon **diver-
timento**!

Spaß m; **Unterhaltung** f
Schöne Ferien und viel Spaß!

allegria f opp: tristezza
La sua **allegria** è contagiosa.

Fröhlichkeit f
Seine/Ihre Fröhlichkeit ist an-
steckend.

piacere m
Per me è un vero **piacere**.

Freude f; **Gefallen** m
Es ist mir wirklich eine Freude.

piacevole adj
È una persona molto **piacevo-
le**.

angenehm, erfreulich
Er/Sie ist ein sehr angenehmer
Mensch.

speranza f
Ho perso ogni **speranza**.

Hoffnung f
Ich habe jede Hoffnung ver-
loren.

sperare v
Spero di rivedervi presto qui in
Italia.

hoffen
Ich hoffe, ich sehe euch bald
hier in Italien wieder.

sorpresa *f*
Ma che **sorpresa** trovarti qui!

Überraschung *f*
Was für eine Überraschung, dich hier zu treffen!

domandarsi *v*
Mi domando se sia il caso di partire così presto.

sich fragen
Ich frage mich, ob wir wirklich so früh aufbrechen müssen.

triste *adj opp:* allegro
Se sei **triste** chiamami.

traurig
Ruf mich an, wenn du traurig bist.

preoccuparsi *v*
Non **preoccupatevi** per noi.

sich Sorgen machen
Macht euch keine Sorgen um uns.

preoccupato, a *adj*
A quest'ora dovrebbe essere a casa, sono un po' **preoccupato**.

beunruhigt, besorgt
Ich bin etwas beunruhigt, denn um diese Zeit müsste er/sie eigentlich schon zu Hause sein.

problema *m* ⚠ *pl* **mi**
Non c'è problema.

Problem *n*
Kein Problem!

odio *m opp:* amore
Amore e **odio** sono temi cari a Wagner.

Hass *m*
Liebe und Hass zählten zu Wagners bevorzugten Themen.

amore *m opp:* odio
Le canzoni d'**amore** a volte sono noiose.

Liebe *f*
Liebeslieder sind manchmal langweilig.

salute *f opp:* malattia
La **salute** viene prima di tutto.

Gesundheit *f*
Die Gesundheit steht an allererster Stelle.

 Wenn jemand niest, sagt man auf Italienisch *salute!*

stare bene *v opp:* stare male
⚠ *irr* 76
Oggi **sto bene**, anzi benissimo.

gut gehen

Heute geht es mir gut, ja sogar ausgezeichnet.

guarire *v opp:* ammalarsi
Sono finalmente **guarito!**

wieder gesund werden
Endlich bin ich wieder gesund!

forte *adj opp:* debole
Mi sento **forte** come un leone.

stark, kräftig
Ich fühle mich stark wie ein Bär.

debole *adj opp:* forte
Oggi mi sento un po' **debole**.

schwach
Heute fühle ich mich etwas schwach.

malato, a *adj opp:* sano
Come sei pallida, sembri **mala-ta!**

krank, erkrankt
Du bist so blass, bist du etwa krank?

stare male *v opp:* stare bene
⚠ *irr* 76
Marisa **sta male**, ha la febbre.

schlecht gehen

Marisa geht es schlecht, sie hat Fieber.

male *m syn:* dolore
Dove ha male?
Ho **mal** di denti.

Schmerz *m*
Wo haben Sie Schmerzen?
Ich habe Zahnschmerzen.

ⓘ Um Schmerzempfinden auszudrücken, gebraucht man den Ausdruck ***mal di*** (wörtlich übersetzt: Schmerz von), z.B. ***mal di testa, denti, orecchie, gola, stomaco, pancia*** Kopf-, Zahn-, Ohren-, Hals-, Magen- und Bauchschmerzen.

fare male *v* ⚠ *irr* 37
Mi **fanno male** i piedi.

wehtun
Mir tun die Füße weh.

fare bene *v* ⚠ *irr* 37
La vacanza mi ha **fatto bene**.

gut tun
Der Urlaub hat mir gut getan.

farsi male *v* ⚠ *irr* 37
Stai attento a non **farti male** giocando al pallone.

sich wehtun
Pass auf, dass du dir beim Ballspielen nicht wehtust!

ammalarsi *v*
Non vorrei **ammalarmi** proprio adesso.

krank werden
Ausgerechnet jetzt möchte ich nicht krank werden.

dolore *m syn:* male
Ho dei **dolori** alla schiena.

Schmerz *m*
Ich habe Rückenschmerzen.

soffrire *v* ⚠ *irr* 48, *soffro*
In primavera **soffro** di allergie.

leiden
Im Frühjahr leide ich unter Allergien.

raffreddore *m*
Con questo freddo c'è da prendersi un **raffreddore**!

Erkältung *f*
Bei dieser Kälte holt man sich ja noch eine Erkältung!

tosse *f*
Per la **tosse** conosco uno sciroppo miracoloso.

Husten *m*
Gegen Husten weiß ich ein wunderbares Mittel.

febbre *f*
Pietro ha trentotto di **febbre**, non può andare a lavorare.

Fieber *n*
Pietro kann nicht zur Arbeit gehen, er hat achtunddreißig (Grad) Fieber.

misurare *v*
Il dottore mi ha **misurato** la pressione.

messen
Der Arzt hat mir den Blutdruck gemessen.

termometro *m*
Oggi i **termometri** sono molto più precisi.

Thermometer *n*
Die Thermometer sind heute viel genauer.

incidente *m*
Ha avuto un piccolo **incidente**.

Unfall *m*
Er/Sie hatte einen kleinen Unfall.

ferirsi *v* ⚠ *mi ferisco*
Mi sono **ferito** tagliando il pane.

sich verwunden, sich verletzen
Ich habe mich beim Brotschneiden verletzt.

ferita *f*
Non è una **ferita** molto grave.

Wunde *f;* **Verletzung** *f*
Die Verletzung ist nicht besonders schlimm.

---

vivere *v opp:* morire ⚠ *irr* 87
Oggi **si vive** più a lungo.

leben
Die Menschen leben heute länger.

 Vivere wird sowohl mit *essere* als auch mit *avere* konjugiert.

vita *f opp:* morte
Marcello si gode la **vita.**

Leben *n*
Marcello genießt sein Leben.

vivo, a *adj opp:* morto
Ci ha dato una descrizione **viva** degli avvenimenti.

lebend, lebendig
Er gab uns eine lebendige Schilderung der Ereignisse.

esistere *v*
I dinosauri sono esistiti migliaia di anni fa.

existieren; leben
Die Dinosaurier lebten vor vielen tausend Jahren.

esistenza *f syn:* vita
Alcuni insetti hanno un'**esistenza** brevissima.

Leben *n;* **Existenz** *f*
Manche Insekten haben nur ein sehr kurzes Leben.

nascere *v opp:* morire ⚠ *irr* 45
Mia sorella è **nata** nel 1985.

geboren werden
Meine Schwester ist 1985 geboren.

---

compleanno *m*
Sai già cosa regalargli per il suo **compleanno?**

Geburtstag *m*
Weißt du schon, was du ihm zum Geburtstag schenkst?

compiere gli anni *v* ⚠ *irr* 14
Compio gli anni a gennaio.

Geburtstag haben
Ich habe im Januar Geburtstag.

---

giovane *adj opp:* vecchio
Ieri abbiamo visto un bel film di un **giovane** regista.

jung, jugendlich
Wir haben gestern einen tollen Film von einem jungen Regisseur gesehen.

vecchio, a *adj syn:* anziano, *opp:* giovane ⚠ *pl* **cchi, cchie**
È un **vecchio** signore elegante e molto riservato.

alt

Er ist ein sehr zurückhaltender, vornehmer alter Herr.

anziano, a *adj syn:* vecchio
Ho molto rispetto per le persone **anziane**.

alt
Ich habe großen Respekt vor alten Menschen.

morto, a *adj opp:* vivo
C'è un pesce **morto** nel lago.

tot
Im See schwimmt ein toter Fisch.

morire *v opp:* nascere ⚠ *irr* 43
Mia nonna è **morta** molti anni fa.

sterben
Meine Großmutter ist vor vielen Jahren gestorben.

AKTIVITÄTEN

andare a letto *v opp:* alzarsi
⚠ *irr* 3
Vado sempre **a letto** molto tardi.

ins Bett gehen
Ich gehe immer sehr spät ins Bett.

dormire *v* ⚠ *dormo*
Bisognerebbe **dormire** almeno otto ore.

schlafen
Man sollte mindestens acht Stunden schlafen.

addormentarsi *v*
Mi sono **addormentato** subito.

einschlafen
Ich bin gleich eingeschlafen.

sonno *m*
I bambini piccoli hanno il **sonno** pesante.

Schlaf *m*
Kleine Kinder haben einen festen Schlaf.

sogno *m*
Stanotte ho fatto un brutto **sogno.**

Traum *m*
Heute Nacht hatte ich einen schrecklichen Traum.

sognare *v*
C'è gente che **sogna** ad occhi aperti.

träumen
Manche Leute träumen mit offenen Augen.

svegliare *v*
Vai a **svegliare** tua sorella, è tardissimo!

wecken, aufwecken
Geh und weck deine Schwester, es ist höchste Zeit!

svegliarsi *v opp:* addormentarsi
Di solito **ci svegliamo** presto.

wach werden, aufwachen, erwachen
Wir werden gewöhnlich sehr früh wach.

sveglio, a *adj opp:*
addormentato ⚠ *pl* **gli, glie**
Le bambine sono già **sveglie**?

wach

Sind die Kinder schon wach?

alzarsi *v opp:* andare a letto
Adesso **mi alzo** e preparo il caffè.

aufstehen
Ich stehe jetzt auf und koche den Kaffee.

guardare v
Guardiamo insieme le foto del matrimonio?

ansehen; (sich) anschauen
Sehen wir uns gemeinsam die Hochzeitsfotos an?

occhiata f
Posso dare un'**occhiata** al giornale di oggi?

Blick m
Dürfte ich einen Blick in die Zeitung von heute werfen?

vedere v △ irr 84
I gatti **vedono** anche al buio.

Andiamo a **vedere** un film americano.

sehen; sich ansehen
Katzen können auch im Dunkeln sehen.
Wir sehen uns heute einen amerikanischen Film an.

sembrare v
Sembra un bravo ragazzo.

scheinen; glauben
Er scheint ein guter Junge zu sein.

suonare v
Mi **suona** un po' strano.

vorkommen; scheinen
Das kommt mir ein bisschen seltsam vor.

vista f
Vorrei una camera con **vista** sul mare.
La conosco di **vista**.

Aussicht f; **Blick** m; **Sehen** n
Ich möchte ein Zimmer mit Blick auf das Meer.
Ich kenne sie vom Sehen.

sentire v △ sento
Sento dei rumori, ci saranno mica i ladri?

hören
Ich höre Geräusche, sind das womöglich Einbrecher?

ascoltare v
Ascoltiamo un po' di musica classica stasera?

(an)hören; zuhören
Hören wir heute Abend ein bisschen klassische Musik?

 Das Verb *sentire* verwendet man bei einer Sinneswahrnehmung, während *ascoltare* bewusstes Zu- oder Hinhören bezeichnet.

rumore m opp: silenzio
I bambini hanno fatto un **rumore** tremendo.

Krach m
Die Kinder haben einen Mordskrach gemacht.

piano adv syn: a bassa voce
Se parli così **piano** non ti sento.

leise
Wenn du so leise sprichst, verstehe ich dich nicht.

alto, a *adj opp:* basso
La musica ad **alto** volume mi
rende nervoso.

laut
Laute Musik macht mich ner-
vös.

toccare *v*
Si prega di non **toccare** la mer-
ce.

anfassen; berühren
Die Ware bitte nicht anfassen.

tatto *m*
Il **tatto** è uno dei cinque sensi.

Tastsinn *m*
Der Tastsinn ist einer der fünf
Sinne.

odore *m*
Questi fiori hanno un **odore**
molto penetrante.

Geruch *m*
Die Blumen haben einen sehr
intensiven Geruch.

profumo *m*
Le rose hanno un **profumo** de-
lizioso.

Duft *m*
Rosen haben einen herrlichen
Duft.

gusto *m syn:* sapore
L'aragosta ha un **gusto** un po'
dolciastro.

Geschmack *m*
Langusten haben einen leicht
süßlichen Geschmack.

sapere *v* ⚠ *irr* 64
Questo vino non è buono, **sa** di
tappo!

schmecken (nach)
Der Wein ist nicht gut, er
schmeckt nach Korken!

lavarsi *v*
Mi lavo sempre le mani prima
di mangiare.

sich waschen
Vor dem Essen wasche ich mir
immer die Hände.

bagno *m*
D'inverno adoro fare il **bagno**.

Bad *n*
Im Winter gibt es für mich
nichts Schöneres, als ein Bad
zu nehmen.

doccia *f* ⚠ *pl* **cce**
Dopo una bella **doccia** ci si
sente subito meglio.

Dusche *f*
Nach einer erfrischenden Du-
sche fühlt man sich gleich bes-
ser.

vasca da bagno *f* ⚠ *pl* **sche**
Non appena entro nella **vasca
da bagno,** suona il telefono.

Badewanne *f*
Sobald ich in die Badewanne
steige, klingelt das Telefon.

sapone *m*
Non c'è più **sapone** in bagno.

Seife *f*
Im Bad ist keine Seife mehr.

asciugamano *m*
Avremmo bisogno di un altro **asciugamano.**

Handtuch *n*
Wir bräuchten noch ein Handtuch.

asciugarsi *v*
Non **mi asciugo** mai i capelli dopo averli lavati.

trocknen; sich abtrocknen
Ich trockne meine Haare nach dem Waschen nie.

pettine *m*
Ho sempre un **pettine** in borsetta.

Kamm *m*
Ich habe immer einen Kamm in der Tasche.

pettinarsi *v*
La mattina Claudia **si pettina** per un'ora.

sich kämmen
Claudia kämmt sich morgens eine ganze Stunde lang.

crema *f*
Ho bisogno di una **crema** per le mani.

Creme *f*
Ich brauche eine Handcreme.

fare *v* ⚠ *irr* 37
Che cosa hai **fatto** tutto il giorno?

tun, machen
Was hast du den ganzen Tag gemacht?

lavorare *v*
Quest'anno abbiamo **lavorato** molto.

arbeiten
Dieses Jahr haben wir viel gearbeitet.

lavoro *m syn:* occupazione
Ti piace il tuo **lavoro?**

Arbeit *f*
Gefällt dir deine Arbeit?

essere solito (di) fare *v*
⚠ *irr* 36
Sono solito (di) leggere il giornale in treno.

gewöhnlich tun

Gewöhnlich lese ich die Zeitung im Zug.

opera *f syn:* lavoro
Siamo ormai a metà dell'**opera.**

Arbeit *f;* **Werk** *n*
Wir haben die Arbeit jetzt zur Hälfte geschafft.

posto *m*
Sempre più persone perdono il **posto.**

Stelle *f;* **Arbeitsplatz** *m*
Immer mehr Menschen verlieren ihren Arbeitsplatz.

provare *v syn:* tentare
Ho **provato** di tutto.

versuchen; probieren
Ich habe alles versucht.

progetto *m syn:* piano
Si tratta di un **progetto** internazionale.

Plan *m;* **Projekt** *n*
Es handelt sich um ein internationales Projekt.

preparare *v*
Adesso devo **preparare** la relazione, ci sentiamo dopo.

vorbereiten
Ich muss jetzt den Bericht vorbereiten, ich melde mich später wieder.

sforzo *m*
Lui è diventato ricchissimo senza fare grandi **sforzi**.

Anstrengung *f*
Er ist steinreich geworden, und das hat ihn nicht einmal große Anstrengung gekostet.

---

aver bisogno di *v* ⚠ *irr* 8
Ho bisogno di una macchina nuova.

brauchen, benötigen
Ich brauche dringend ein neues Auto.

cercare *v opp:* trovare
Sto **cercando** i miei occhiali, li hai mica visti?

suchen
Ich suche meine Brille. Hast du sie vielleicht gesehen?

trovare *v*
Non **trovo** più le chiavi della macchina.

finden
Ich finde die Autoschlüssel nicht mehr.

prendere *v opp:* lasciare
⚠ *irr* 54
A Milano piove spesso, hai **preso** l'ombrello?

nehmen; mitnehmen

In Mailand regnet es häufig. Hast du den Schirm mitgenommen?

usare *v syn:* utilizzare
Sai **usare** il computer?

benutzen; umgehen mit
Kannst du mit dem Computer umgehen?

uso *m*
Leggere attentamente le istruzioni per l'**uso**!

Gebrauch *m*
Gebrauchsanweisung aufmerksam lesen!

collezionare *v*
Paolo **colleziona** francobolli da trent'anni.

sammeln
Paolo sammelt seit dreißig Jahren Briefmarken.

collezione f
Al museo c'è una splendida **collezione** di conchiglie.

Sammlung f
Das Museum hat eine herrliche Muschelsammlung.

tenere v ⚠ irr 80
Puoi **tenere** un attimo la mia borsa?

halten
Könntest du meine Tasche einen Augenblick halten?

cogliere v syn: prendere
⚠ irr 13
Dobbiamo **cogliere** l'occasione.

pflücken; nehmen, (er)greifen

Wir sollten die Gelegenheit ergreifen.

aggiungere v ⚠ irr 38
Devo **aggiungere** un po' di sale nel sugo.

hinzufügen, dazugeben
Ich muss noch etwas Salz in die Sauce geben.

bastare v
Basta fare una telefonata.

genügen, ausreichen
Ein Anruf genügt.

cambiare v
Mi può **cambiare** questa banconota?

wechseln
Können Sie mir diesen Geldschein wechseln?

aprire v opp: chiudere
⚠ irr 5, **apro**
Chi ha **aperto** la finestra?

öffnen, aufmachen

Wer hat das Fenster aufgemacht?

chiudere v opp: aprire ⚠ irr 12
Chiuda la porta, per favore.

schließen; zumachen
Machen Sie bitte die Tür zu.

riempire v ⚠ **riempio**
Ho **riempito** la borraccia con l'acqua della sorgente.

(auf)füllen; ausfüllen
Ich habe die Feldflasche mit Quellwasser gefüllt.

agitare v
Agitare prima dell'uso.

schütteln
Vor Gebrauch schütteln.

tagliare v
Tagliate le cipolle a fettine sottili, ...

schneiden
Die Zwiebeln in feine Ringe schneiden, ...

rompere v ⚠ irr 62
Pierino ha **rotto** la macchina fotografica di Sara.

kaputtmachen; brechen
Pierino hat Saras Fotoapparat kaputtgemacht.

bruciare *v*
Ho **bruciato** tutte le sue lettere.

verbrennen; brennen
Ich habe all seine/ihre Briefe verbrannt.

---

mettere *v* ⚠ *irr* 41
La sera **metto** sempre la moto in garage.

stellen; legen; setzen
Abends stelle ich das Motorrad immer in die Garage.

togliere *v* ⚠ *irr* 81
Molti si **tolgono** le scarpe per entrare in casa.

entfernen; ausziehen
Viele Leute ziehen sich die Schuhe aus, bevor sie die Wohnung betreten.

separare *v syn:* dividere
Per fare il tiramisù bisogna **separare** il tuorlo dall'albume.

trennen
Beim Tiramisu müssen Eiweiß und Eigelb getrennt werden.

portare *v*
Che cosa **portiamo** stasera?

Porto io la valigia.

(mit)bringen; tragen
Was bringen wir heute Abend mit?
Den Koffer trage ich.

spedire *v* ⚠ *spedisco*
Domani ci **spediscono** il pacco.

schicken
Sie schicken uns das Paket morgen.

tirare *v opp:* spingere
Per aprire bisogna **tirare** qui.

ziehen
Zum Öffnen hier ziehen.

spingere *v opp:* tirare ⚠ *irr* 75
Spingi la porta per entrare.

drücken; schieben
Du musst drücken, damit die Tür aufgeht.

girare *v*
Gira la frittata, altrimenti si brucia!

drehen, wenden
Du musst das Omelett wenden, sonst brennt es an!

raccogliere *v* ⚠ *irr* 13
Abbiamo **raccolto** moltissimi funghi porcini.

sammeln; aufheben
Wir haben eine Menge Steinpilze gesammelt.

sollevare *v*
Ho **sollevato** un peso da cinquanta chili.

heben; aufheben
Ich habe ein fünfzig Kilo schweres Gewicht gehoben.

appoggiare v
Appoggiate pure le biciclette qui contro il muro.

(ab)stellen; lehnen, stützen
Stellt die Räder einfach hier an der Mauer ab.

far cadere v △ irr 37
Mio figlio **ha fatto** cadere un vaso cinese.

fallen lassen
Mein Sohn hat eine chinesische Vase fallen lassen.

rovesciare v syn: far cadere
Scusate, ho **rovesciato** tutto il latte.

verschütten; schütten
Entschuldigt, ich habe die ganze Milch verschüttet.

staccarsi v opp: attaccare
Il cerotto **si è staccato**.

sich lösen; abgehen
Das Pflaster ist abgegangen.

levare v syn: togliere, rimuovere, opp: mettere
Hanno **levato** l'insegna luminosa, meno male!

entfernen; wegnehmen

Gott sei Dank hat man die Leuchtreklame entfernt!

gettare v syn: lanciare
Vietato **gettare** oggetti dal finestrino.

werfen; wegwerfen
Nichts aus dem Fenster werfen!

avere v △ irr 8
Laura **ha** molti amici.
Ho avuto molto da loro.

haben; verdanken
Laura hat viele Freunde.
Ich verdankte ihnen viel.

dare v opp: prendere △ irr 24
Chi **dà** molto, riceve anche molto in cambio.

geben
Wer viel gibt, bekommt auch viel zurück.

prendere v opp: dare △ irr 24
Chi ha **preso** il mio bicchiere?

mitnehmen; nehmen
Wer hat mein Glas genommen?

regalare v syn: dare
Per il mio compleanno mi hanno **regalato** degli sci.

schenken
Zu meinem Geburtstag haben sie mir Skier geschenkt.

lasciare v
Nei ristoranti italiani si **lascia** la mancia sul tavolo.

lassen; überlassen
In den italienischen Restaurants lässt man das Trinkgeld auf dem Tisch liegen.

ricevere *v opp:* dare
Avete **ricevuto** la nostra carto-
lina dai Caraibi?

bekommen; erhalten
Habt ihr unsere Karte aus der
Karibik bekommen?

accettare *v opp:* rifiutare
Accettiamo con molto piacere
il vostro invito.

annehmen
Wir nehmen eure Einladung
gerne an.

rendere *v syn:* restituire
⚠ *irr* 57
Quando mi **rendi** il romanzo
che ti ho prestato?

zurückgeben

Wann gibst du mir den Roman
zurück, den ich dir geliehen ha-
be?

abbandonare *v syn:* lasciare
Ha **abbandonato** moglie e figli.

verlassen; aufgeben
Er hat Frau und Kinder verlas-
sen.

ridursi *v* ⚠ *irr* 17
I visitatori **si riducono** di anno
in anno.

zurückgehen
Die Besucherzahlen gehen von
Jahr zu Jahr zurück.

aumentare *v syn:* alzare, cre-
scere, *opp:* diminuire
Il prezzo della benzina è di
nuovo **aumentato**.

erhöhen; zunehmen, steigen

Der Benzinpreis ist wieder ge-
stiegen.

diminuire *v syn:* ridurre,
opp: aumentare ⚠ **diminuisco**
L'uso di superalcolici è **dimi-
nuito**.

zurückgehen; verringern

Der Konsum hochprozentiger
alkoholischer Getränke ist zu-
rückgegangen.

ridurre *v* ⚠ *irr* 17

Il numero dei corsisti si è note-
volmente **ridotto**.

**zurückgehen; verringern;
senken**
Die Zahl der Kursteilnehmer ist
beträchtlich zurückgegangen.

riportare *v syn:* accompagnare
Dopo il teatro ti **riporto** a casa.

begleiten
Nach dem Theater begleite ich
dich nach Hause.

ottenere *v* ⚠ *irr* 80
Abbiamo **ottenuto** ciò che vo-
levamo.

erreichen
Wir haben erreicht, was wir
wollten.

disporre *v* ⚠ *irr* 52
Vi preghiamo di **disporvi** su tre file.

aufstellen; ordnen; anordnen
Stellt euch bitte in drei Reihen auf.

disposizione *f*
Sono a vostra completa **disposizione.**

Verfügung *f*
Ich stehe ganz zu eurer Verfügung.

tenere *v* ⚠ *irr* 80
Tienilo pure, non mi serve più.

behalten
Behalt es nur, ich brauche es nicht mehr.

LERNEN UND WISSEN

imparare *v syn:* studiare
Al corso stiamo **imparando** molte cose nuove e interessanti.

lernen
Im Kurs lernen wir viel Neues und Interessantes.

sapere *v* ⚠ *irr* 64
Laura **sa** molto bene il tedesco.
Sapete qual è la capitale della Malesia?

können; wissen
Laura kann sehr gut Deutsch.
Wisst ihr, wie die Hauptstadt von Malaysia heißt?

 Für **können** sagt man *sapere*, wenn man sich eine bestimmte Fähigkeit angeeignet hat, *potere* benützt man, wenn man gerade dazu in der Lage ist.

conoscere *v* ⚠ *irr* 18
Lo **conosco** da molto tempo.

kennen; kennen lernen
Ich kenne ihn seit langem.

leggere *v* ⚠ *irr* 40
Ho **letto** tutti i romanzi di Baricco.

lesen; vorlesen
Ich habe sämtliche Romane von Baricco gelesen.

scrivere *v* ⚠ *irr* 69
Pirandello ha **scritto** molte opere teatrali.

schreiben
Pirandello hat zahlreiche Theaterstücke geschrieben.

copiare *v*
Smettetela di **copiare** dai vostri
vicini di banco!

abschreiben, kopieren
Unterlasst es jetzt endlich von
euren Banknachbarn abzu-
schreiben!

copia *f* ⚠ *pl* **pie**
Questa che vedete è una **copia**
della Gioconda.

Kopie *f*
Was ihr hier seht, ist eine Kopie
der Mona Lisa.

esempio *m* ⚠ *pl* **pi**
Si tratta di un perfetto **esempio**
di arte gotica.

Beispiel *n*
Das ist ein Musterbeispiel goti-
scher Kunst.

esercizio *m* ⚠ *pl* **zi**
Gli **esercizi** di matematica era-
no facili.

Übung *f*, **Aufgabe** *f*
Die Mathematikübungen waren
einfach.

calcolare *v*
Calcolate la distanza tra i due
punti.

errechnen; rechnen
Errechnet den Abstand zwi-
schen den beiden Punkten.

compito *m* *syn:* esercizio
Hai già fatto i **compiti**?

Aufgabe *f;* **Arbeit** *f*
Hast du schon deine Aufgaben
gemacht?

storia *f* *syn:* racconto ⚠ *pl* **rie**
Conoscete la **storia** della volpe
e l'uva?

Geschichte *f*
Kennt ihr die Geschichte vom
Fuchs und den Trauben?

libro *m* *syn:* testo
Aprite il **libro** a pagina trenta.

Buch *n*
Schlagt das Buch auf Seite
dreißig auf.

scrittore *m*, **scrittrice** *f*
Si tratta di uno **scrittore** di
fama internazionale.

Schriftsteller, Schriftstellerin
Er ist ein Schriftsteller von Welt-
rang.

racconto *m* *syn:* storia
I **racconti** di Buzzati hanno
avuto molto successo.

Erzählung *f*
Die Erzählungen von Buzzati
waren sehr erfolgreich.

titolo *m*
Questo libro ha un bel **titolo**.

Titel *m*
Das Buch hat einen schönen
Titel.

libreria f ⚠ pl *rie*
In **libreria** trovi anche molti
cd-rom.

Buchhandlung f
In der Buchhandlung findest du
auch viele CD-ROMs.

biblioteca f ⚠ pl *che*
La **biblioteca** universitaria è
molto ben fornita.

Bücherei f; **Bibliothek** f
Die Universitätsbibliothek ist
sehr gut ausgestattet.

linea f
Tracciate una **linea** a matita
con il righello.

Linie f
Zieht eine Linie mit Bleistift und
Lineal.

pagina f
È un libro di 240 **pagine**.

Seite f
Das Buch hat 240 Seiten.

foglio m ⚠ pl *gli*
Prima faccio uno schizzo su un
foglio di carta.

Blatt n
Zuerst fertige ich auf einem
Blatt Papier eine Skizze an.

ⓘ Vorsicht: *Foglio* (Papier) nicht mit *foglia* (Pflanzen) verwech-
seln!

quaderno m
Alle Elementari usavamo **qua-
derni** a righe e **quaderni** a
quadretti.

Heft n
In der Grundschule hatten wir
Hefte mit Linien und solche mit
Kästchen.

VERHALTEN

affare m
Non sono **affari** nostri.

Angelegenheit f, **Sache** f
Die Angelegenheit geht uns
nichts an.

faccenda f *syn:* questione
In questa **faccenda** avrete bi-
sogno di un avvocato.

Angelegenheit f, **Sache** f
In dieser Angelegenheit solltet
ihr euch einen Anwalt nehmen.

questione f
È una **questione** di principio.

Frage f
Das ist eine Prinzipienfrage.

dovere *m syn:* compito
È nostro **dovere** informarvi.

Pflicht *f*
Es ist unsere Pflicht, euch zu informieren.

essere in grado *v syn:* potere
⚠ *irr* 36
Adesso è troppo stanca, non **è in grado** di parlare.

können

Sie ist jetzt zu müde, sie kann nicht sprechen.

abitudine *f*
Ho preso l'**abitudine** di fumare una sigaretta dopo pranzo.

Gewohnheit *f*
Ich habe es mir zur Gewohnheit gemacht, nach dem Mittagessen eine Zigarette zu rauchen.

abituato, a *adj*
Il mio cane è **abituato** a mangiare due volte al giorno.

gewohnt
Mein Hund ist es gewöhnt, zweimal täglich zu fressen.

dipendere da *v* ⚠ *irr* 27

Dipende tutto dalla tua buona volontà.

abhängig sein von; abhängen von
Alles hängt von deinem guten Willen ab.

aspettare *v syn:* attendere
Aspetti qualcuno stasera?

erwarten; warten auf
Erwartest du jemanden heute Abend?

aspettarsi *v*
Non **mi aspettavo** una tua visita.

erwarten, rechnen mit
Ich hatte nicht mit deinem Besuch gerechnet.

notare *v syn:* osservare
Ho **notato** che sei molto nervosa ultimamente.

auffallen; bemerken
Mir ist aufgefallen, dass du in letzter Zeit sehr nervös bist.

bisognare *v syn:* dovere
Bisogna avere un po' più di pazienza.
Bisogna che le scriva.

sollen; müssen
Man sollte mehr Geduld haben.

Ich muss ihr schreiben.

 Das Verb *bisognare* wird nur in der dritten Person Singular verwendet. Folgt auf *bisognare* ein *che*, steht das darauffolgende Verb im Konjunktiv.

attenzione *f*
Ho ascoltato con grande **atten-zione.**

Aufmerksamkeit *f*
Ich habe mit großer Aufmerk-samkeit zugehört.

fare attenzione *v* ⚠ *irr* 37
Fate attenzione attraversando la strada!

aufpassen
Passt auf, wenn ihr über die Straße geht!

cura *f syn:* precisione
Mi ha colpito la **cura** con cui fa ogni cosa.

Sorgfalt *f*
Es hat mich beeindruckt, mit welcher Sorgfalt er alles macht.

prendersi cura di *v* ⚠ *irr* 54
Non ti preoccupare, **mi prendo cura** io **dei** tuoi figli.

sich kümmern um
Mach dir keine Sorgen, ich kümmere mich um deine Kin-der.

responsabilità *f*
Una guida alpina ha una grossa **responsabilità.**

Verantwortung *f*
Ein Bergführer trägt eine große Verantwortung.

merito *m*
È solo **merito** tuo se adesso siamo qui.

Verdienst *n*
Es ist ganz allein dein Ver-dienst, dass wir jetzt hier sind.

proteggere *v* ⚠ *irr* 55
La cagna **protegge** i suoi cuc-cioli.

schützen, beschützen
Die Hündin beschützt ihre Jun-gen.

protezione *f*
La famiglia deve offrire **prote-zione.**

Schutz *m*
Die Familie sollte Schutz bie-ten.

nascondere *v* ⚠ *irr* 46
È inutile che ti **nascondi**, ti ho visto!

verstecken
Du brauchst dich gar nicht zu verstecken, ich habe dich schon gesehen!

dimenticare *v opp:* ricordare
Non **dimenticare** l'ombrello!

vergessen
Vergiss den Schirm nicht!

 Man kann im Italienischen den Imperativ der du-Form mit *non* + Infinitiv ausdrücken.

attendere *v syn:* aspettare
⚠ *irr* 79
  Attendiamo finché è tutto
  pronto.

warten
  Wir warten, bis alles fertig ist.

sorriso *m*
  Ha un **sorriso** aperto e sincero.

Lächeln *n*
  Er/Sie hat ein offenes, natürli-
  ches Lächeln.

sorridere *v* ⚠ *irr* 58
  Dovresti **sorridere** più spesso.

lächeln
  Du solltest öfter einmal lächeln.

ridere *v opp:* piangere ⚠ *irr* 58
  Ridere fa bene alla salute.

lachen
  Lachen ist gesund.

piangere *v* ⚠ *irr* 51
  Come mai hai gli occhi rossi,
  hai **pianto?**

weinen
  Du hast ja ganz rote Augen,
  hast du etwa geweint?

---

potere *m*
  È un chiaro abuso di **potere**.

  Paola ha un grosso **potere** su
  di lui.

Macht *f*, **Einfluss** *m*
  Das ist ein klarer Machtmiss-
  brauch.
  Paola hat großen Einfluss auf
  ihn.

aiuto *m syn:* collaborazione
  Ci hanno offerto il loro **aiuto**.

Hilfe *f*
  Sie haben uns ihre Hilfe ange-
  boten.

aiutare *v*
  Ci può **aiutare?**

helfen
  Können Sie uns helfen?

 Aiutare ist ein transitives Verb, jemandem helfen heißt also
aiutare qualcuno.

ricordare *v*
  Ricordo con piacere le giornate
  trascorse con te.

erinnern
  Ich erinnere mich gerne an die
  Tage mit dir.

promettere *v* ⚠ *irr* 41
  Come **promesso,** verrò a pren-
  derti venerdì.

versprechen
  Ich hole dich wie versprochen
  am Freitag ab.

promessa *f*
Giovanna mantiene sempre le
sue **promesse.**

Versprechen *n*
Giovanna hält immer ihre Ver-
sprechen.

ringraziare *v*
È andato via senza **ringraziare**
nessuno.

danken
Er ist gegangen, ohne jeman-
dem zu danken.

 Ringraziare ist ein transitives Verb!

scusare *v*
Scusi il disturbo.

entschuldigen
Entschuldigen Sie die Störung.

scusa *f*
Ci siamo inventati una **scusa.**

Ausrede *f;* **Entschuldigung** *f*
Wir haben uns eine Ausrede
ausgedacht.

seguire *v* ⚠ *seguo*
Segua quella macchina!

folgen
Folgen Sie diesem Wagen!

 Anders als im Deutschen folgt auf *seguire* ein Akkusativ-Objekt.

disturbare *v*
Se non **disturbiamo,** passiamo
da voi domani mattina.

stören
Wenn wir nicht stören, kommen
wir morgen früh bei euch vor-
bei.

silenzioso, a *adj*
Cercate di essere più **silenzio-
si!**

leise
Versucht ein bisschen leiser zu
sein!

silenzio *m opp:* rumore
Silenzio, per favore.

Ruhe *f*
Ruhe bitte!

tacere *v syn:* fare silenzio,
opp: parlare ⚠ *irr* 78
Su questa faccenda è meglio
tacere.

schweigen

Über diese Angelegenheit soll-
ten wir besser schweigen.

zitto, a *adj*
Stai **zitto,** per favore.

still
Sei bitte still!

SPRACHE UND SPRECHABSICHTEN

parlare *v opp:* tacere
Quante lingue **parli** tu?

sprechen
Wie viele Sprachen sprichst du?

dire *v syn:* raccontare △ *irr* 29
Ti ho **detto** di no!

sagen
Ich habe Nein gesagt!

raccontare *v*
Racconta a Marco del tuo viaggio in Sicilia!

erzählen
Erzähl Marco doch einmal von deiner Sizilienreise!

discorso *m*
Alla fine del suo **discorso** stavamo tutti dormendo.

Gespräch *n;* **Rede** *f*
Als er mit seiner Rede fertig war, waren wir alle eingeschlafen.

gridare *v syn:* urlare
Allo stadio **gridavano** tutti come pazzi.

schreien
Im Stadion haben sie wie die Verrückten gebrüllt.

parola *f*
Dirò una buona **parola** sul tuo conto.

Wort *n*
Ich werde ein gutes Wort für dich einlegen.

sostantivo *m*
L'aggettivo concorda con il **sostantivo** a cui si riferisce.

Substantiv *n*
Das Adjektiv wird dem Substantiv, auf das es sich bezieht, angeglichen.

aggettivo *m*
"Veloce" è un **aggettivo**.

Adjektiv *n*
„Veloce" ist ein Adjektiv.

avverbio *m* △ *pl bi*
"Velocemente" è un **avverbio**.

Adverb *n*
„Velocemente" ist ein Adverb.

verbo *m*
Il **verbo** "fare" è irregolare.

Verb *n*
„Fare" ist ein unregelmäßiges Verb.

femminile *adj opp:* maschile
Il plurale di "il dito" è **femminile:** "le dita".

weiblich
Der Plural von „il dito" ist weiblich: „le dita".

maschile *adj opp:* femminile
"Poeta" è un sostantivo **maschile.**

männlich
„Poeta" ist ein männliches Substantiv.

singolare *m opp:* plurale
Qual è il **singolare** di "ginocchia"?

Singular *m,* **Einzahl** *f*
Wie lautet der Singular von „ginocchia"?

plurale *m opp:* singolare
"Uomini" è il **plurale** di "uomo".

Plural *m,* **Mehrzahl** *f*
„Uomini" ist der Plural von „uomo".

frase *f*
Questa **frase** non ha senso.

Satz *m*
Dieser Satz macht keinen Sinn.

chiedere *v syn:* domandare
⚠ *irr* 11
Chiediamo al vigile come si arriva in centro.

fragen

Wir fragen den Schutzmann, wie wir ins Zentrum kommen.

 Achtung, jemanden fragen heißt *chiedere a qualcuno.*

domanda *f opp:* risposta
Scusi, posso farle una **domanda**?

Frage *f*
Entschuldigung, darf ich Ihnen eine Frage stellen?

rispondere *v* ⚠ *irr* 61
Può cortesemente **rispondere** a qualche domanda?

antworten; beantworten
Wären Sie so freundlich, einige Fragen zu beantworten?

risposta *f opp:* domanda
Scusi, non ho capito la sua **risposta**!

Antwort *f*
Entschuldigung, ich habe Ihre Antwort nicht verstanden.

mostrare *v opp:* nascondere
Ti **mostro** la strada sulla cartina.

zeigen
Ich zeige dir den Weg auf der Karte.

informazione *f*
Avrei bisogno di un'**informazione**.

Information *f*
Ich bräuchte eine Information.

telegiornale *m syn:* notizie
Molte famiglie la sera guardano il **telegiornale**.

Nachrichten (im Fernsehen) *pl*
Viele Familien sehen sich abends die Nachrichten im Fernsehen an.

notizia *f* ⚠ *pl* **zie**
Aspettiamo tue **notizie**.

Nachricht *f*
Wir warten auf Nachricht von dir.

spiegare *v*
Potrebbe **spiegare** a questa signora come si arriva al duomo?

erklären
Könnten Sie der Dame den Weg zum Dom erklären?

cioè *adv*
Veniamo tutti, **cioè** io, Carla, Marco e Lucia.

also; das heißt; nämlich
Wir kommen alle, das heißt ich, Carla, Marco und Lucia.

significare *v syn:* voler dire
Che cosa **significa?**

bedeuten
Was bedeutet das?

simbolo *m syn:* segno
Si tratta di un **simbolo** matematico.

Zeichen *n;* **Symbol** *n*
Es handelt sich um ein mathematisches Zeichen.

significato *m syn:* senso
È una cosa senza **significato.**

Bedeutung *f*
Die Sache hat keine Bedeutung.

consiglio *m syn:* suggerimento
⚠ *pl* **gli**
Avrei bisogno di un **consiglio**.

Rat(schlag) *m*

Ich bräuchte einen Rat.

opinione *f syn:* idea
Accetto la tua **opinione.**

Meinung *f*
Ich akzeptiere deine Meinung.

intendere *v* ⚠ *irr* 79
Intendiamo praticamente la stessa cosa.

meinen
Wir meinen im Grunde dasselbe.

per *prep opp:* contro
Per chi voti tu?

für
Für wen stimmst du?

sì *adv opp:* no
Sì, è proprio vero che mi sposo!

ja; doch
Doch, es stimmt wirklich. Ich heirate.

certo *adv*
Ma **certo** che ti voglio bene!

natürlich, sicher(lich)
Natürlich mag ich dich!

no *adv opp:* sì
No, non sono d'accordo.

nein
Nein, ich bin nicht einverstanden.

non *adv*
Non mi chiamare troppo presto!

nicht
Ruf mich nicht zu früh an!

contro *prep opp:* per
Si può sapere che cosa hai **contro** di lui?

gegen
Was hast du eigentlich gegen ihn?

giusto, a *adj syn:* corretto, *opp:* sbagliato
La tua previsione era **giusta.**

richtig

Deine Vermutung war richtig.

corretto, a *adj syn:* giusto
Questa risposta non è **corretta.**

richtig, korrekt
Die Antwort ist nicht richtig.

preciso, a *adj*
Cercate di essere più **precisi** nella vostra descrizione!

genau, präzise
Versucht eine genauere Beschreibung zu geben.

vero, a *adj opp:* falso
Quello che dici non è vero.

wahr
Was du da sagst, ist nicht wahr!

verità *f opp:* bugia
Sono certo che Marina ha detto la **verità.**

Wahrheit *f*
Ich bin mir sicher, dass Marina die Wahrheit gesagt hat.

avere ragione *v opp:* avere torto ⚠ *irr* 8
Mia cugina vuole **avere ragione** a tutti i costi.

Recht haben

Meine Cousine muss immer Recht haben.

chiaro e tondo *adv*
Gli abbiamo detto **chiaro e tondo** la nostra opinione.

klipp und klar
Wir haben ihm klipp und klar unsere Meinung gesagt.

ammettere *v opp:* negare ⚠ *irr* 41
Devi **ammettere** di avere torto.

zugeben

Du musst zugeben, dass du Unrecht hast.

sbagliare *v*
Tutti possiamo **sbagliare**.

einen Fehler machen
Wir alle machen Fehler.

sbagliarsi *v opp:* avere ragione
Mi sono **sbagliata** e ti chiedo scusa.

sich irren
Ich habe mich geirrt und bitte dich um Verzeihung.

sbagliato, a *adj opp:* giusto
Ti sei fatto un'idea **sbagliata** di lui.

falsch
Du hast dir ein falsches Bild von ihm gemacht.

errore *m*
D'accordo, lo ammetto, ho fatto alcuni **errori.**

Fehler *m*
Na gut, ich gebe es zu, ich habe einige Fehler gemacht.

avere torto *v opp:* avere ragione ⚠ *irr* 8
Fortunatamente Luigi ha ammesso di **avere torto**.

Unrecht haben

Glücklicherweise hat Luigi zugegeben, dass er Unrecht hatte.

---

sicuro, a *adj syn:* certo
Siamo al cento per cento **sicuri** che è stato quest'uomo.

sicher
Wir sind uns hundertprozentig sicher, dass es dieser Mann war.

esatto, a *adj syn:* preciso
Abbiamo fornito una descrizione **esatta** dell'accaduto.

genau
Wir gaben eine genaue Schilderung des Vorfalls.

certamente *adv*
syn: sicuramente
È **certamente** innocente.

sicher(lich), natürlich

Er/Sie ist sicher unschuldig.

supporre *v syn:* pensare, credere ⚠ *irr* 52
Si suppone che il fatto sia accaduto durante la notte.

annehmen, vermuten

Man vermutet, dass sich der Vorfall in der Nacht ereignet hat.

probabile *adj opp:* improbabile
L'ipotesi più **probabile** è quella di un tentato omicidio.

wahrscheinlich
Höchstwahrscheinlich war es ein Mordversuch.

 Um das Gegenteil auszudrücken, stellt man den Adjektiven im Italienischen vielfach die Vorsilbe „im" oder „in" voran: zum Beispiel *probabile – improbabile*, *certo – incerto*.

probabilmente *adv*
  Probabilmente è già arrivato.

wahrscheinlich
  Er ist wahrscheinlich schon an-
  gekommen.

possibile *adj syn:* probabile,
opp: impossibile
  È certamente una delle solu-
  zioni **possibili**.

möglich

  Das ist zweifelsohne eine mög-
  liche Lösung.

forse *adv*
  Forse mi sono fatto un'idea
  sbagliata di lui.

vielleicht
  Vielleicht habe ich mir ein fal-
  sches Bild von ihm gemacht.

impossibile *adj opp:* possibile
  Racconti cose **impossibili**.

unmöglich
  Was du da erzählst, ist doch
  unmöglich.

scegliere *v* ⚠ *irr* 65
  Avete **scelto** la tattica sbaglia-
  ta.

aussuchen, (aus)wählen
  Ihr habt die falsche Taktik ge-
  wählt.

preferire *v* ⚠ *preferisco*
  Preferisco il vino bianco al vino
  rosso.

vorziehen, lieber mögen
  Ich trinke lieber Weißwein als
  Rotwein.

buono, a *adj*
  La pasta è molto **buona**.
  Buon lavoro!
  È una mia **buon'** amica.

gut
  Die Nudeln sind sehr gut.
  Frohes Schaffen!
  Sie ist eine gute Freundin von
  mir.

 Der Komparativ von *buono* heißt *migliore*, der Superlativ heißt
ottimo oder *il/la migliore*. Das Adjektiv steht im Allgemeinen
nach dem Substantiv. Einige häufig gebrauchte, kurze Adjektive
wie *buono, bello, brutto, grande, bravo, piccolo* usw. stehen
jedoch häufig vor dem Substantiv.

bravo, a *adj*
  È una **brava** parrucchiera.

gut, tüchtig
  Sie ist eine gute Friseurin.

 Mit *buono* beschreibt man die Eigenschaft einer Person (oder
einer Sache), mit *bravo/brava* hingegen eine Fähigkeit.

migliore *adj opp:* peggiore
All'hotel Miramonti il servizio è **migliore.**

besser
Im Hotel Miramonti ist der Service besser.

ottimo *adj opp:* pessimo

Questo vino è **ottimo.**

sehr gut, ausgezeichnet
→ buono
Dieser Wein ist ausgezeichnet.

bene *adv opp:* male
Il lavoro procede **bene.**

gut
Die Arbeit geht gut voran.

 Der Komparativ von *bene* ist *meglio*, der Superlativ *benissimo*.

meglio *adv opp:* peggio
Meglio di così non poteva andare.

besser → bene
Besser hätte es nicht laufen können.

eccellente *adj*
La qualità della merce è senza dubbio **eccellente.**

hervorragend
Die Ware ist zweifelsohne von hervorragender Qualität.

magnifico, a *adj* △ *pl* **ci, che**
Dalla torre si gode un **magnifico** panorama.

herrlich
Vom Turm aus genießt man einen herrlichen Rundblick.

meraviglioso, a *adj*
La costa amalfitana è **meravigliosa.**

wunderbar, wunderschön
Die Küste bei Amalfi ist wunderschön.

positivo, a *adj opp:* negativo
La proposta ha avuto un eco **positivo.**

positiv
Der Vorschlag fand ein positives Echo.

cattivo, a *adj opp:* buono
Facendo così, dai **cattivo** esempio.

schlecht; böse
So gibst du ein schlechtes Beispiel ab.

 Der Komparativ von *cattivo* ist *peggiore*, der Superlativ ist *pessimo*.

peggiore *adj opp:* migliore

Nella **peggiore** delle ipotesi arriviamo in ritardo.

schlimmer; schlechter
→ cattivo
Schlimmstenfalls kommen wir zu spät.

 Peggiore, migliore, peggio und *meglio* sind eigentlich Komparativformen, werden aber zum Superlativ, wenn sie mit dem bestimmten Artikel gebraucht werden.

pessimo *adj opp:* ottimo
Cameriere, questo pesce è **pessimo!**

sehr schlecht → cattivo
Herr Ober, der Fisch ist sehr schlecht.

male *adv opp:* bene
Il ragazzo si è comportato molto **male.**

schlecht
Der Junge benahm sich sehr schlecht.

 Der Komparativ von *male* ist *peggio*, der Superlativ ist *malissimo*.

peggio *adv opp:* meglio
Poteva andare **peggio.**

schlechter, schlimmer → male
Es hätte noch schlimmer kommen können.

terribile *adj*
È stata una serata **terribile.**

schrecklich, furchtbar
Es war ein furchtbarer Abend.

interessante *adj opp:* noioso
Quella mostra sul barocco genovese è proprio **interessante.**

interessant
Die Ausstellung mit Werken des Genueser Barock ist wirklich interessant.

importante *adj*
La ricerca sul cancro ha raggiunto risultati molto **importanti.**

wichtig
Die Krebsforschung hat enorme Fortschritte erzielt.

prezioso, a *adj*
Nella cripta sono esposti molti oggetti **preziosi.**

wertvoll
In der Krypta sind viele wertvolle Objekte ausgestellt.

utile *adj opp:* inutile
I vocabolari sono molto **utili.**

nützlich
Wörterbücher sind ausgesprochen nützlich.

facile *adj syn:* semplice,
opp: difficile
    L'esame era molto **facile.**

leicht, einfach

    Die Prüfung war sehr leicht.

semplice *adj syn:* facile,
opp: difficile
    Questo esercizio non è tanto
    semplice.

einfach, leicht

    Die Übung ist nicht so einfach.

difficile *adj opp:* facile,
semplice
    Abbiamo fatto una traduzione
    molto **difficile.**

schwierig, schwer

    Wir haben eine sehr schwierige
    Übersetzung gemacht.

fatica *f* ⚠ *pl che*
    È stata una **fatica** inutile.

Anstrengung *f*
    Die Anstrengung war umsonst.

strano, a *adj opp:* normale
    Massimo è un tipo molto
    strano.

seltsam, eigenartig
    Massimo ist ein sehr seltsamer
    Typ.

troppo *adv, Adj opp:* poco
    Questo è veramente **troppo!**
    Quest'autore non mi piace, usa
    troppi aggettivi!

zu viel
    Das ist nun wirklich zu viel!
    Der Autor gefällt mir nicht, er
    verwendet zu viele Adjektive!

---

permettere *v syn:* lasciare,
autorizzare, *opp:* vietare, proibire
⚠ *irr* 41
    Qui non è **permesso** fumare.

erlauben, gestatten, zulassen

    Rauchen ist hier nicht gestattet.

potere *v* ⚠ *irr* 53
    Adesso **potete** entrare.

dürfen; können
    Ihr könnt jetzt hereinkommen.

dire *v syn:* ordinare ⚠ *irr* 29
    Giurate di **dire** tutta la verità.

sagen, befehlen
    Schwört, die volle Wahrheit zu
    sagen.

avvertire *v syn:* avvisare ⚠
avverto
    Avvertiamo immediatamente la
    polizia.

benachrichtigen; warnen;
verständigen
    Wir verständigen sofort die
    Polizei.

prevenire *v* ⚠ *irr* 85
    Prevenire è meglio che curare.

vorbeugen
    Vorbeugen ist besser als
    Heilen.

impedire *v* ⚠ *impedisco*
Dobbiamo **impedirgli** di parlare.

verhindern; hindern
Wir müssen verhindern, dass er etwas sagt.

ordine *m syn:* comando
L'**ordine** viene eseguito nei minimi dettagli.

Befehl *m*, **Anweisung** *f*
Die Anweisung wird bis ins kleinste Detail befolgt.

volontà *f*
Ha una **volontà** ferrea.

Wille(n) *m*
Er hat einen eisernen Willen.

volere *v* ⚠ *irr* 88
Vorrei una birra piccola.

wollen, wünschen, möchten
Ich möchte ein kleines Bier.

voglia *f* ⚠ *pl* **glie**
Avete **voglia** di venire in vacanza con noi?

Lust *f*
Habt ihr Lust, mit uns in Urlaub zu fahren?

desiderare *v syn:* volere
Desidera ancora qualcosa?

(sich) wünschen
Wünschen Sie noch etwas?

proporre *v* ⚠ *irr* 52
Abbiamo **proposto** a Carla di venire con noi.

vorschlagen
Wir haben Carla vorgeschlagen, mit uns zu kommen.

proposta *f*
Vi preghiamo di farci una **proposta.**

Vorschlag *m*
Wir bitten euch um einen Vorschlag.

richiesta *f*
La vostra **richiesta** è stata accolta.

Forderung *f*, **Bitte** *f*
Eurer Bitte wurde entsprochen.

rinunciare *v opp:* accettare
Non vorrebbe **rinunciare** a nulla.

verzichten
Er/Sie würde auf nichts verzichten.

buongiorno
Buongiorno signora Bassetti, come sta?

guten Tag
Guten Tag, Frau Bassetti. Wie geht es Ihnen?

 Buongiorno oder *buonasera* können auch als Abschiedsgruß verwendet werden.

buonasera
Buonasera a tutti.

guten Abend
Guten Abend zusammen!

buonanotte
Buonanotte e sogni d'oro.

gute Nacht
Gute Nacht und angenehme Träume.

arrivederLa, arrivederci
ArrivederLa, signor Rota.
Arrivederci e a presto!

auf Wiedersehen
Auf Wiedersehen, Herr Rota.
Bis bald, auf Wiedersehen!

 Arrivederci sagt man, wenn man sich von mehreren Personen verabschiedet, *arrivederLa*, wenn man sich von einer Person verabschiedet, die man siezt.

ciao
Ciao, Paolo, come va?
Ciao, a dopo!

hallo, grüß dich; tschüss
Hallo Paolo, wie geht's?
Tschüss, bis später!

 Ciao wird zur zwanglosen Begrüßung und auch zum Abschied verwendet.

signore *m*
ArriverderLa **signor** Leone!
Buongiorno **signore**, benarrivato!

Herr *m*
Auf Wiedersehen, Herr Leone!
Guten Tag, mein Herr, und herzlich willkommen!

 Vor Eigennamen wird *signore* zu *signor* verkürzt.

signora *f*
Buongiorno **signora,** che cosa desidera?

Frau *f*
Guten Tag, gnädige Frau. Sie wünschen?

 Man spricht erwachsene Frauen grundsätzlich mit *signora* an, ohne den Nachnamen dazu zu sagen. Kennt man den Nachnamen, setzt man ihn hinter das *signora*.

signorina *f*
Buon viaggio, **signorina.**

Fräulein *n*
Gute Reise, mein Fräulein!

 Im Gegensatz zum Deutschen wird die Anrede *signorina* für junge Frauen bis zum Alter von etwa 30 teilweise noch verwendet.

come sta/stai?
Come sta, signora Franceschini?
Come stai, Marco?

wie geht es Ihnen/dir?
Wie geht es Ihnen, Frau Franceschini?
Wie geht es dir, Marco?

come va?
Luca, ciao! **Come va?**

wie geht's?
Hallo Luca! Wie geht's?

bene, grazie
Io sto **bene, grazie.**

danke gut
Mir geht's gut, danke.

e Lei/tu?
E tu, come stai?
E Lei, signora Costa, come sta?

und Sie/Ihnen? und du/dir?
Und dir, wie geht's dir?
Und Ihnen, Frau Costa, wie geht es Ihnen?

come, prego?
Come, prego? Non ho capito, può ripetere?

wie bitte?
Wie bitte? Ich habe das nicht verstanden. Könnten Sie das noch einmal wiederholen?

mi scusi, scusami

Mi scusi per il ritardo, c'era molto traffico!
Scusami tanto!

entschuldige; entschuldigen Sie; Entschuldigung
Entschuldigen Sie die Verspätung, es war so viel Verkehr!
Entschuldige vielmals!

 Mi scusi wird gesagt zu Menschen, die man siezt, *scusami* zu Menschen, die man duzt.

mi dispiace
Mi dispiace, Matteo oggi non c'è.

es tut mir Leid
Es tut mir Leid, Matteo ist heute nicht da.

per favore/cortesia/piacere
Gli può dire che ho chiamato, **per cortesia?**

bitte
Könnten Sie ihm bitte ausrichten, dass ich angerufen habe?

 In Verbindung mit einem Wunsch oder einer Bitte sagt man *per favore*. *Prego* sagt man als Antwort auf *grazie*.

grazie, grazie mille, molte grazie
Grazie mille per l'invito!

danke (schön), vielen Dank, herzlichen Dank
Vielen Dank für die Einladung!

per piacere
Mi passi il sale, per piacere?

bitte
Gibst du mir bitte das Salz?

 Per piacere wird gesagt, wenn man etwas haben möchte.

prego, di niente, prego non c'è di che
Grazie mille! Prego, non c'è di che!

bitte, keine Ursache, bitte, gern geschehen
Vielen Dank! – Keine Ursache, gern geschehen.

avanti
Avanti! Entri pure, la porta è aperta!

herein
Herein! Treten Sie nur ein, die Tür ist offen!

vorrei
Vorrei parlare con l'avvocato Luchetti.

ich möchte, ich hätte gerne
Ich möchte Rechtsanwalt Luchetti sprechen.

 Statt *voglio* wird oft der Konjunktiv *vorrei* gebraucht.

potrei
Potrei avere un altro tovagliolo?

ich könnte
Könnte ich bitte eine frische Serviette haben?

vorrebbe
Carla vorrebbe ancora un po' di tiramisù.

er/sie möchte
Carla möchte noch etwas Tiramisu.

desidera
Desidera altro?

Sie wünschen
Wünschen Sie noch etwas?

desideri
Puoi fare tutto quello che desideri.

du wünschst; du willst
Du kannst tun, was du willst.

quanto costa?
Quanto costa quella camicia blu?

was kostet das?
Was kostet das blaue Hemd?

quant'è?
  Quant'è in tutto?

was macht das?
  Was macht das zusammen?

si serva
  Ecco qua il buffet, **si serva** pure!

bedienen Sie sich
  Und hier ist das Büfett. Bedienen Sie sich!

serviti
  Serviti senza fare tanti complimenti!

bedien dich, nimm dir
  Zier dich nicht so, nimm dir einfach!

sì, grazie
  Sì, grazie, un aperitivo lo bevo volentieri.

ja bitte
  Ja, bitte. Einen Aperitif nehme ich gern.

 Wenn man gefragt wird, ob man etwas haben möchte, sagt man *sì, grazie* und nicht *sì, prego*.

no, grazie
  No, grazie, non bevo alcolici.

nein danke
  Nein danke, ich trinke keinen Alkohol.

penso di sì/no
  – Hai superato l'esame?

  – **Penso di sì,** e tu?
  – Io **penso di no**.

ich glaube ja/nicht
  – Hast du die Prüfung bestanden?

  – Ich glaub' schon. Und du?
  – Ich glaube nicht.

spero di sì, lo spero
  – Gigino, sei stato promosso?

  – **Spero di sì,** e tu, Marco?
  – Anch'io **lo spero.**

ich hoffe (es)
  Gigino, bist du befördert worden?

  – Ich hoffe es. Und du, Marco?
  – Ich hoffe es auch.

spero di no
  – Pioverà domani?
  – **Spero** proprio **di no!**

ich hoffe nicht
  Wird es morgen regnen?
  – Ich hoffe nicht!

cosa c'è?
  Cosa c'è? Perché sei così arrabbiato?

was ist los?
  Was ist los? Warum bist du so wütend?

cosa succede?
Ho sentito un forte rumore,
cosa succede qui?

bene, dunque, allora
Allora, siamo in quattro: due
adulti e due bambini.
Dunque, vediamo un po' ... sì
abbiamo ancora una stanza.
Bene, la prendiamo!

insomma
Insomma, tutto sommato vi
siete divertiti in Puglia!

non importa
– Mi dispiace, ma non accet-
tiamo carte di credito.
– **Non importa,** posso anche
pagare in contanti.

non fa niente
– Non abbiamo più fragole.

– **Non fa niente,** prendo un
gelato con panna.

va bene
– **Va bene** quel tavolo vicino
alla finestra?
– Sì, **va bene,** grazie.

was ist los?
Ich habe ein lautes Geräusch
gehört, was ist da los?

gut, also
Also wir sind zu viert: zwei Er-
wachsene und zwei Kinder.
Also, schauen wir mal ... Ja, wir
haben noch ein Zimmer.
Gut, wir nehmen es.

also
Also, alles in allem hattet ihr in
Apulien viel Spaß.

das macht nichts
Es tut mir Leid, aber wir neh-
men keine Kreditkarten.
– Das macht nichts, ich kann
auch bar bezahlen.

das macht nichts
Wir haben keine Erdbeeren
mehr.
– Das macht nichts, dann neh-
me ich ein Eis mit Sahne.

okay, einverstanden, gut
Wollen Sie den Tisch am Fens-
ter nehmen?
– Ja, gut. Danke.

DER MENSCH UND DIE GESELLSCHAFT

chiamare *v*
Si chiama Francesco, ma tutti lo **chiamano** Chicco.

nennen
Er heißt Francesco, aber alle nennen ihn Chicco.

chiamarsi *v*
Io **mi chiamo** Lucia e tu, come **ti chiami**?

heißen
Ich heiße Lucia. Und wie heißt du?

nome *m*
"Riccardo" è secondo me uno dei **nomi** maschili più belli.

Name *m*
„Riccardo" ist für mich einer der schönsten männlichen Vornamen.

cognome *m*
Completate il modulo con il vostro nome e **cognome.**

Familienname *m*, **Nachname** *m*
Ihr müsst noch euren Vor- und Nachnamen in das Formular eintragen.

età *f*
A che **età** si fa la Prima Comunione?

Alter *n*
In welchem Alter geht man zur Erstkommunion?

neonato *m*
I **neonati** sono molto delicati.

Baby *n*, **Säugling** *m*
Babys sind sehr zerbrechlich.

bambino *m opp:* adulto
Da **bambino** adoravo arrampicarmi sugli alberi.

Kind *n*
Als Kind bin ich gerne auf Bäume geklettert.

bambina *f*
Di chi è questa bella **bambina**?

Mädchen *n*, **Kind** *n*
Zu wem gehört dieses hübsche Mädchen?

ragazzo *m*
È un **ragazzo** alto, bruno, con gli occhi azzurri.

Junge *m*
Er ist ein groß gewachsener Junge mit braunen Haaren und blauen Augen.

 Ragazzo, a wird oft auch in der Bedeutung Freund, Freundin gebraucht.

ragazza *f*
Vedi quella **ragazza** bionda, con il vestito rosso?

Mädchen *n;* **junge Frau**
Siehst du das blonde Mädchen dort mit dem roten Kleid?

donna *f opp:* uomo
Quella **donna** che sta mangiando il gelato è Mirella, mia cugina.

Frau *f*
Die Frau, die gerade ein Eis isst, ist meine Cousine Mirella.

uomo *m opp:* donna △ *pl* **gli uomini**
Chi è quell'**uomo** che parla con tua mamma?

Mann *m*
Wer ist der Mann, der mit deiner Mutter spricht?

signore *m*
È un **signore** distinto, con barba e capelli bianchi.

Herr *m*
Er ist ein vornehmer Herr mit Bart und weißem Haar.

signora *f*
C'è una **signora** che vuole parlare con te.

Frau *f,* **Dame** *f*
Da ist eine Dame, die möchte dich sprechen.

famiglia *f* △ *pl* **glie**
La **famiglia** svolge ancora un grosso ruolo in Italia.

Familie *f*
Die Familie spielt in Italien immer noch eine wichtige Rolle.

familiare *adj*
Il suo viso mi è **familiare**.

familiär, Familien-; bekannt
Sein Gesicht kommt mir bekannt vor.

genitori *mpl*
I miei **genitori** si sono sposati quarant'anni fa.

Eltern *pl*
Meine Eltern haben vor vierzig Jahren geheiratet.

madre *f syn:* mamma
Mia **madre** è laureata in chimica.

Mutter *f*
Meine Mutter ist promovierte Chemikerin.

padre *m syn:* papà
È un **padre** di famiglia affettuoso e premuroso.

Vater *m*
Er ist ein liebevoller, treu sorgender Familienvater.

mamma *f syn:* madre
Dov'è la tua **mamma?**

Mama *f,* **Mutti** *f*
Wo ist deine Mama?

papà *m syn:* padre
  Questo è il mio **papà**.

Papa *m,* **Vati** *m*
  Das ist mein Papa.

 In manchen Gegenden Mittelitaliens sagt man ***babbo*** anstelle von ***padre, papà***. Ansonsten kommt das Wort nur in der Bezeichnung für den Weihnachtsmann ***Babbo Natale*** vor.

bambini *mpl,* **figli** *mpl*
  Bambini, a tavola!
  Abbiamo due **figli**, ma ormai sono grandi.

Kinder *pl*
  Zu Tisch, Kinder!
  Wir haben zwei Kinder, aber sie sind schon groß.

figlio *m* ⚠ *pl* **gli**
  Tuo **figlio** è al liceo classico?

Sohn *m*
  Dein Sohn geht aufs humanistische Gymnasium?

 Das „gl" wird mouilliert ausgesprochen, etwa wie „lj". Bei Familienmitgliedern im Singular steht vor dem Possessivpronomen kein Artikel. Ausnahmen: ***mamma, papà*** und Koseformen.

figlia *f* ⚠ *pl* **glie**
  Mia **figlia** per fortuna va bene a scuola.

Tochter *f*
  Zum Glück ist meine Tochter gut in der Schule.

fratello *m opp:* sorella
  Ho un **fratello** più piccolo.

Bruder *m*
  Ich habe einen jüngeren Bruder.

sorella *f opp:* fratello
  Mia **sorella** lavora a Milano.

Schwester *f*
  Meine Schwester arbeitet in Mailand.

 Geschwister übersetzt man mit ***fratelli e sorelle***.

zio *m* ⚠ *pl* **zii**
  Mio **zio** abita a Padova.

Onkel *m*
  Mein Onkel lebt in Padua.

 Das „z" wird im Italienischen weicher ausgesprochen als im Deutschen. Bei Maskulina, die mit „z" anfangen, stehen die Artikel ***lo*** und ***gli***.

zia *f* △ *pl* **zie**
Quella seduta accanto a Marta è Silvia, mia **zia.**

Tante *f*
Die Frau, die neben Marta sitzt, ist meine Tante Silvia.

cugino *m*
Ho tre **cugini**.

Cousin *m*
Ich habe drei Cousins.

cugino *f*
Mia **cugina** Fernanda ha due figli.

Cousine *f*
Meine Cousine Fernanda hat zwei Kinder.

nonni *mpl*
I miei **nonni** vivono in campagna.

Großeltern *pl*
Meine Großeltern leben auf dem Land.

nonno *m*
Ecco che arriva **nonno** Ernesto!

Großvater *m,* **Opa** *m*
Da kommt Großvater Ernesto!

nonna *f*
Le **nonne** spesso viziano i nipoti.

Großmutter *f,* **Oma** *f*
Großmütter verwöhnen ihre Enkel gern.

nipote *m, f*
Ho due **nipoti**: Maria e Franco.

Neffe, Nichte *m, f;* **Enkel(in)** *m(f)*
Ich habe zwei Enkel/eine Nichte und einen Neffen: Maria und Franco.

 Im Italienischen umfasst *nipote* die Bedeutungen Neffe, Nichte, Enkelsohn und Enkeltochter.

fidanzato *m,* **fidanzata** *f*
Il mio **fidanzato** studia architettura.

Verlobte(r) *f(m)*
Mein Verlobter studiert Architektur.

 Anstelle von *fidanzato* wird oft das weniger formelle *ragazzo, a* (Freund, Freundin) gebraucht.

sposato, a *adj*
Senti, tua cugina è **sposata?**

verheiratet
Sag mal, deine Cousine ist verheiratet?

moglie *f opp:* marito △ *pl* **gli**
Stefania è la **moglie** di Mario.

(Ehe)frau *f*
Stefania ist die Frau von Mario.

marito *m opp:* moglie
Mio **marito** guarda tutte le partite di calcio.

(Ehe)mann *m*
Mein Mann sieht sich jedes Fußballspiel an.

---

privato, a *adj opp:* pubblico
Proprietà **privata,** divieto di accesso.

privat, Privat-
Privatgrundstück. Betreten verboten.

pubblico, a *adj* ⚠ *pl ci, che*
I giardini **pubblici** sono di tutti.

öffentlich
Die öffentlichen Grünanlagen sind für alle da.

gente *f syn:* persone
Al mercato c'era molta **gente.**

Leute *pl*
Auf dem Markt waren eine Menge Leute.

 Bei *gente* wird das Verb in der dritten Person Singular gebraucht und hat keinen Plural.

società *f*
Abbiamo fondato la **società** nel 1998.

Gesellschaft *f*
Wir haben die Gesellschaft 1998 gegründet.

comune *adj opp:* diverso
Io e mio marito abbiamo tantissimi interessi **comuni.**

gemeinsam
Mein Mann und ich haben sehr viele gemeinsame Interessen.

compagnia *f* ⚠ *pl gnie*
Lavoro in una **compagnia** di assicurazioni.

Gesellschaft *f*
Ich arbeite bei einer Versicherungsgesellschaft.

membro *m syn:* socio
Mi dispiace, ma l'ingresso è riservato ai **membri** del club.

Mitglied *n*
Ich bedaure, aber hier haben nur Clubmitglieder Zutritt.

 Es gibt zwei Pluralformen von *membro*: *membri* ist die Pluralform von *membro* im Sinne von Mitglied oder Teil eines Ganzen und *le membra* bezeichnet die Gliedmaßen.

tipo *m syn:* persona
Un **tipo** mi ha seguito fino a casa.

Typ *m*, **Kerl** *m*
Da war so ein Kerl, der ist mir bis nach Hause gefolgt.

vicino *m*, **vicina** *f*
Ho un **vicino** di casa molto gentile.

Nachbar(in) *m(f)*
Ich habe einen sehr netten Nachbarn.

amico *m*, **amica** *f* ⚠ *pl* **ci, che**
Le mie migliori **amiche** sono Cristina e Gianna.

Freund(in) *m(f)*

Meine besten Freundinnen sind Cristina und Gianna.

---

lavoro *m syn:* impiego, occupazione, mestiere
Che **lavoro** fa Pietro?

Arbeit *f*, **Beschäftigung** *f;* **Beruf** *m*
Was ist Pietro von Beruf?

lavoratore *m*, **lavoratrice** *f*
I **lavoratori** dipendenti pagano molte tasse.

Arbeiter(in) *m(f);* **Arbeitnehmer** *m*
Als Arbeitnehmer zahlt man viel Steuern.

dipendente *m, f*

Il signor Sassano è un **dipendente** dell'AMT.

Beschäftigte(r) *f(m)*, **Angestellte(r)** *f(m)*
Herr Sassano ist Angestellter bei AMT.

operaio *m*, **operaia** *f* ⚠ *pl* **rai, raie**
Gli **operai** e le **operaie** della Ontano S.p.A. a mezzogiorno vanno in mensa.

Arbeiter(in) *m(f)*

Mittags gehen die Arbeiter und Arbeiterinnen der Ontano GmbH in die Kantine.

contadino *m*, **contadina** *f*
Sempre meno giovani scelgono di fare i **contadini**.

Il mestiere del **contadino** è faticoso.

Bauer, Bäuerin *m, f*
Immer weniger junge Leute entscheiden sich für den Beruf des Bauern.
Der Beruf des Bauern ist anstrengend.

impiegato *m*, **impiegata** *f*
Lavoro in banca, sono **impiegato**.

Angestellte(r) *f(m)*
Ich bin Angestellter bei einer Bank.

segretario *m*, **segretaria** *f* ⚠ *pl* **ri, rie**
Ha iniziato come fattorino ed è diventato **segretario** comunale.

Sekretär(in) *m(f)*

Er hat als Bürobote angefangen und ist jetzt Gemeindesekretär.

povero, a *adj opp:* ricco
In questo quartiere vivono molte famiglie **povere.**

arm
In diesem Viertel leben viele arme Familien.

ricco, a *adj syn:* benestante, *opp:* povero ⚠ *pl* **cchi, cche**
I nostri parenti di Roma sono molto **ricchi.**

reich

Unsere Verwandten in Rom sind sehr reich.

servizio *m* ⚠ *pl* **zi**
Domenica sono di **servizio.**

Dienst *m*
Am Sonntag habe ich Dienst.

proprio, a *adj* ⚠ *pl* **pri, prie**
Si è comprato la casa con i **propri** soldi.

eigen
Er hat sich die Wohnung von seinem eigenen Geld gekauft.

padrone *m,* **padrona** *f*
La **padrona** di casa è una vera signora.

Chef(in) *m(f);* **Herr** *m*
Die Chefin des Hauses ist eine wirkliche Dame.

sociale *adj*
La droga è uno dei maggiori problemi **sociali.**

sozial, gesellschaftlich
Der Drogenkonsum ist eines der größten gesellschaftlichen Probleme.

tradizione *f*
I giovani hanno rotto con la **tradizione.**

Tradition *f*
Die Jugend hat mit der Tradition gebrochen.

incontrare *v*
Qualche giorno fa ho **incontrato** tua zia.

treffen
Vor ein paar Tagen habe ich deine Tante getroffen.

incontro *m syn:* appuntamento, riunione
L'**incontro** è stato fissato per domani.

Begegnung *f;* **Treffen** *n,* **Versammlung** *f*
Die Versammlung wurde für morgen anberaumt.

ⓘ *Incontro* bedeutet nicht nur Treffen, Versammlung, sondern kann auch ein sportliches Ereignis, ein Spiel bezeichnen.

appuntamento *m*
Adesso devo andare, ho un **appuntamento.**

Termin *m;* **Verabredung** *f*
Ich muss jetzt gehen, ich habe noch einen Termin.

partecipare v
Domani sera dobbiamo **parte-cipare** alla riunione condominiale.

teilnehmen
Morgen Abend müssen wir an der Eigentümerversammlung teilnehmen.

trovarsi v
Ci troviamo davanti al bar, come sempre?

sich treffen
Treffen wir uns vor dem Café, wie immer?

invitare v
Siamo **invitati** al matrimonio di Giacomo.

einladen
Wir sind zu Giacomos Hochzeit eingeladen.

andare a trovare v ⚠ irr 3
Sono **andato a trovare** Marco in clinica.

besuchen
Ich habe Marco in der Klinik besucht.

visitare v
Venite, andiamo a **visitare** il castello.

besichtigen
Kommt, lasst uns das Schloss besichtigen.

visita f
Siete andati a fargli **visita?**

Besuch m
Habt ihr ihm einen Besuch abgestattet?

ospite m, f
Ci farebbe molto piacere avervi come **ospiti.**

Gast m
Wir würden uns sehr freuen, euch als Gäste begrüßen zu dürfen.

festa f
Facciamo una **festa** sabato sera, puoi venire?

Fest n
Wir feiern am Samstagabend ein Fest. Kannst du kommen?

congratulazione f
Tante **congratulazioni** per la tua laurea!

Glückwunsch m
Herzlichen Glückwunsch zum bestandenen Examen!

regalo m
Ho ricevuto molti **regali** per il mio compleanno.

Geschenk n
Zum Geburtstag habe ich viele Geschenke bekommen.

festeggiare v
Domani **festeggiamo** il mio onomastico.

feiern
Morgen feiern wir meinen Namenstag.

augurio *m* △ *pl ri*
Tanti **auguri** di buon comple-
anno!

Glückwunsch *m*
Herzlichen Glückwunsch zum
Geburtstag!

pacchetto *m*
Questo **pacchetto** è per te,
aprilo!

Päckchen *n*
Mach auf, das Päckchen ist für
dich!

SCHICKSAL UND ZUFALL

succedere *v syn:* accadere
△ *irr* 15
Ho sentito le sirene dei pompie-
ri, che cosa è **successo?**

passieren, geschehen

Ich habe die Feuerwehrsirene
gehört. Was ist passiert?

sicuro, a *adj opp:* pericoloso
Questo percorso è **sicuro.**

ungefährlich; sicher
Die Strecke ist ungefährlich.

fortuna *f opp:* sfortuna
In montagna ci vuole **fortuna**
con il tempo.

Glück *n*
Im Gebirge muss man Glück
mit dem Wetter haben.

 Oft wird das Antonym dadurch gebildet, dass man ein „s" vor das
Wort setzt, z.B. *fortuna, sfortuna*; *fiducia, sfiducia*; *contento,
scontento*; *cotto, scotto*.

essere fortunato, a *v* △ *irr* 36
Sono stata fortunata, ho vinto
una bella somma al lotto!

Glück haben
Ich hatte Glück und habe einen
schönen Batzen Geld im Lotto
gewonnen!

salvare *v*
Fortunatamente hanno **salvato**
tutti i passeggeri.

retten
Zum Glück wurden alle Passa-
giere gerettet.

successo *m*
Siamo curiosi di vedere se que-
sto film avrà **successo.**

Erfolg *m*
Wir sind gespannt, ob der Film
ein Erfolg wird.

famoso, a *adj*
È diventato **famoso** per puro
caso.

berühmt
Er ist berühmt geworden, und
das war ein reiner Zufall.

farcela *v syn:* riuscire ⚠ *irr* 37
  Ce l'abbiamo **fatta**!

es schaffen
  Wir haben es geschafft!

 Bei einigen Verben steht das Objektpronomen *la* in bestimmten Wendungen ohne Bezug auf ein Substantiv, z.B. *farcela, smetterla, sentirsela*. Es wird manchmal nicht übersetzt, z.B. *Non ce la faccio più*. Ich kann nicht mehr, oder man übersetzt mit „es".

difficoltà *f syn:* problema
  Abbiamo avuto delle **difficoltà** con i vicini.

Schwierigkeit *f*, **Problem** *n*
  Wir hatten Schwierigkeiten mit den Nachbarn.

pericolo *m syn:* rischio
  Attenzione! C'è **pericolo** di valanghe.

Gefahr *f*
  Achtung! Lawinengefahr!

pericoloso, a *adj*
  È una curva **pericolosa**.

gefährlich
  Das ist eine gefährliche Kurve.

perdere *v* ⚠ *irr* 49
  Abbiamo **perso** completamente l'orientamento a causa della nebbia.

verlieren; verlegen
  Durch den Nebel haben wir völlig die Orientierung verloren.

incendio *m* ⚠ *pl* **di**
  Qui è vietato fumare, c'è pericolo d'**incendio**.

Brand *m*, **Feuer** *n*
  Hier ist das Rauchen verboten, es besteht Brandgefahr.

DER MENSCH UND SEIN ZUHAUSE

casa *f*
  Abitano in una **casa** sul lago.
  Cerco una **casa** in centro, all'ultimo piano.

Haus, *n;* **Wohnung; Gebäude**
  Ihr Haus liegt am See.
  Ich suche eine Dachgeschosswohnung im Zentrum.

costruire *v* ⚠ **costruisco**
  Qui di fronte purtroppo **costruiscono** un grattacielo.

bauen
  Leider wird gegenüber ein Hochhaus gebaut.

abitare *v syn:* vivere
  Dove **abitate** esattamente?

wohnen
  Wo genau wohnt ihr?

appartamento *m*
È un **appartamento** piccolo, ma molto confortevole.

Wohnung *f*
Die Wohnung ist zwar klein, aber sehr komfortabel.

piano *m*
Abitiamo al quinto **piano**.
Quanti **piani** ha quell'edificio?

Stockwerk *n*, **Stock** *m*, **Etage** *f*
Wir wohnen im fünften Stock.
Wie viele Stockwerke hat das Gebäude?

 Die Stockwerke werden mit Ordnungszahlen bezeichnet: *il primo, il secondo, il terzo piano*, usw.

stanza *f syn:* camera
Casa nostra ha in tutto sei **stanze.**

Zimmer *n*
Unsere Wohung hat insgesamt sechs Zimmer.

soggiorno *m syn:* salotto
Il **soggiorno** è grande e luminoso.

Wohnzimmer *n*
Das Wohnzimmer ist groß und hell.

camera *f syn:* stanza
Questa è la **camera** da letto e qui accanto c'è il bagno.

Zimmer *n*
Das ist das Schlafzimmer und daneben ist das Bad.

cucina *f*
Di solito mangiamo in **cucina.**

Küche *f*
Gewöhnlich essen wir in der Küche.

bagno *m*
Il **bagno** è da questa parte.

Bad *n*, **Badezimmer** *n*
Zum Bad geht es hier entlang.

 Wenn man in Privathäusern nach der Toilette fragen will, sagt man *Dov'è il bagno?* Im Restaurant fragt man *Dov'è la toilette?*

gabinetto *m syn:* toilette
Giuseppina si chiude sempre nei **gabinetti** a fumare.

Toilette *f*
Giuseppina schließt sich zum Rauchen immer auf der Toilette ein.

rubinetto *m*
Si è rotto il **rubinetto.**

Wasserhahn *m*
Der Wasserhahn ist kaputt.

ingresso *m*
Il portaombrelli è nell'**ingresso.**

C'è anche un **ingresso** secondario.

Eingang *m;* **Diele** *f*
Der Schirmständer steht in der Diele.
Es gibt noch einen Nebeneingang.

cantina *f*
In **cantina** il vino si conserva meglio.

Keller *m*
Wein lagert man am besten im Keller.

tetto *m*
Dobbiamo riparare il **tetto.**

Dach *n*
Wir müssen das Dach ausbessern.

muro *m* ⚠ *pl* **ri**
Dobbiamo buttare giù un **muro.**

Mauer *f;* **Wand** *f*
Wir müssen eine Wand einreißen.

 Es gibt zwei Pluralformen von *muro*: *i muri* bezeichnet die Wände eines Gebäudes und *le mura* bezeichnet die Stadtmauern.

pavimento *m*
Mi piacciono tantissimo i **pavimenti** in cotto.

(Fuß)boden *m*
Backsteinböden gefallen mir sehr.

finestra *f*
La **finestra** dà sul cortile interno.

Fenster *n*
Das Fenster zeigt auf den Innenhof.

porta *f*
Dietro a quella **porta** c'è uno sgabuzzino.

Tür *f*
Hinter dieser Tür befindet sich ein Abstellraum.

cancello *m*
Il **cancello** è automatico.

Tor *n*
Das Tor öffnet sich automatisch.

entrata *f opp:* uscita
L'**entrata** è qui a destra.

Eingang *m*
Der Eingang ist hier rechts.

uscita *f opp:* entrata
Scusi, dov'è l'**uscita?**

Ausgang *m*
Entschuldigung, wo ist der Ausgang?

scala *f*
Questa è la **scala** che porta al piano di sopra.

Treppe *f*
Das ist die Treppe, die ins obere Stockwerk führt.

ascensore *m*
Prendiamo l'**ascensore** o andiamo a piedi?

Aufzug *m*, **Fahrstuhl** *m*
Nehmen wir den Fahrstuhl oder gehen wir zu Fuß?

luce *f*
La **luce** nelle scale si spegne da sola.

Licht *n*
Das Licht im Treppenhaus geht von selbst aus.

acceso, a *adj opp:* spento
Il televisore è **acceso.**

an, eingeschaltet
Der Fernseher ist an.

spento, a *adj opp:* acceso
Tutte le luci sono **spente.**

aus(geschaltet)
Alle Lichter sind aus.

riscaldamento *m*
Si è rotto il **riscaldamento,** per fortuna abbiamo una stufa elettrica.

Heizung *f*
Die Heizung ist kaputt gegangen. Zum Glück haben wir einen elektrischen Heizofen.

giardino *m*
D'estate andiamo sempre a sederci in **giardino** perché fa più fresco.

Garten *m*
Im Sommer halten wir uns immer im Garten auf, denn dort ist es kühler.

garage *m*
Mettiamo sempre la macchina in **garage.**

Garage *f*
Wir stellen den Wagen immer in die Garage.

 Garage wird wie im Deutschen ausgesprochen, allerdings bleibt das „e" am Ende stumm.

mobile *m*
C'è un negozio di **mobili** qui all'angolo.

Möbel(stück) *n*
Dort an der Ecke ist ein Möbelgeschäft.

parete *f syn:* muro
Abbiamo dipinto le **pareti** di giallo.

Wand *f*
Wir haben die Wände gelb gestrichen.

tavola *f*
A **tavola**, si mangia!
È l'una e mezza, a quest'ora sono tutti a **tavola**.

Tisch *m*
Wir essen! Zu Tisch!
Es ist halb zwei. Um diese Zeit sind alle bei Tisch.

 Man beachte den Unterschied zwischen *tavola* und *tavolo*. *Tavola* bezeichnet den Tisch, an dem die Mahlzeiten eingenommen werden. *Tavolo* ist ein Tisch, der bestimmten Zwecken dient, z.B. *tavolo da gioco, da disegno, operatorio* Spiel-, Zeichen-, Operationstisch. Im Restaurant sagt man jedoch *riservare un tavolo*.

tavolo *m*
Per il salotto abbiamo comprato un **tavolo** antico.

Tisch *m*
Fürs Wohnzimmer haben wir einen antiken Tisch gekauft.

apparecchiare la tavola *v*
Filippo, puoi **apparecchiare la tavola**, per piacere?

den Tisch decken
Filippo, würdest du bitte den Tisch decken?

sparecchiare *v*
Io lavo i piatti. Chi **sparecchia** la tavola**?**

(den Tisch) abräumen, abdecken
Ich wasche ab. Wer deckt den Tisch ab?

scrivania *f* ⚠ *pl* **nie**
Ho una bella **scrivania** d i legno.

Schreibtisch *m*
Ich habe einen schönen Schreibtisch aus Holz.

sedia *f* ⚠ *pl* **die**
Ho bisogno di una **sedia** da ufficio per il mio studio.

Stuhl *m*
Für mein Arbeitszimmer brauche ich einen Bürostuhl.

letto *m*
I **letti** sono già pronti, manca solo una coperta.

Bett *n*
Die Betten sind schon gerichtet, es fehlt nur noch eine Zudecke.

comodo, a *adj*
Questa poltrona è molto **comoda**.

bequem
Dieser Sessel ist sehr bequem.

accogliente *adj*
Avete una casa molto **accogliente**.

gemütlich, einladend
Eure Wohnung ist sehr gemütlich.

cosa *f syn:* roba
Raccogliamo le nostre **cose** e andiamo.

Sache *f*, **Ding** *n*
Wir packen unsere Sachen zusammen und gehen.

roba *f syn:* cosa
Quella boutique tiene della bella **roba.**

Zeug *n;* **Sachen** *pl*
In dieser Boutique gibt es schöne Sachen.

scatola *f*
La **scatola** dei biscotti è nella credenza.

Schachtel *f;* **Dose** *f*
Die Keksdose steht in der Anrichte.

cassa *f*
Su in soffitta c'è una **cassa** piena di vecchie scarpe.

Kiste *f*, **Kasten** *m*
Oben auf dem Dachboden steht eine Kiste mit alten Schuhen.

borsa *f*
Dove è finita la mia **borsa?**

Tasche *f*, **Beutel** *m*
Wo ist meine Tasche hingekommen?

cestino *m*
Sotto la scrivania c'è il **cestino** per la carta.

Korb *m*
Unter dem Schreibtisch steht der Papierkorb.

borsetta *f*
Ho visto una **borsetta** di pelle che mi piace molto.

Handtasche *f*
Ich habe eine Lederhandtasche gesehen, die mir sehr gefällt.

chiave *f*
Con questa **chiave** apri tutte le porte.

Schlüssel *m*
Mit diesem Schlüssel kannst du alle Türen aufschließen.

carta *f*
Ho finito la **carta** da lettere.
Vorrei una **carta** escursionistica delle Cinque Terre.

Papier *n;* **Karte**
Mein Briefpapier ist alle.
Ich möchte eine Wanderkarte für die Cinque Terre.

biglietto *m*
Ti scrivo il mio numero su un pezzo ci carta, purtroppo ho finito i **biglietti** da visita.

Karte *f;* **Zettel** *m*
Ich schreibe dir meine Nummer auf ein Stück Papier, denn die Visitenkarten sind mir leider ausgegangen.

fiammifero *m*
Vorrei accendere il caminetto, ma non trovo i **fiammiferi.**

Streichholz *n*
Ich würde gerne den Kamin anmachen, aber ich finde die Streichhölzer nicht.

catena f
Nevica, bisogna mettere le **catene.**

Kette f
Es schneit. Wir müssen die Schneeketten anlegen.

specchio m △ pl **cchi**
Casa nostra è piena di **specchi.**

Spiegel m
Unser Haus ist voller Spiegel.

suonare v
Hanno **suonato** alla porta, vai tu ad aprire?

klingeln, läuten
Es hat geläutet, machst du mal auf?

lancetta f
La **lancetta** delle ore segna mezzogiorno.

(Uhr)zeiger m
Der Stundenzeiger steht auf zwölf.

giocattolo m
I bambini lasciano i loro **giocattoli** dappertutto.

Spielzeug n
Die Kinder lassen ihr Spielzeug überall herumliegen.

---

nuovo, a adj opp: vecchio, usato
Questa stampante è **nuova**, l'ho comprata ieri.

neu

Der Drucker ist neu, ich habe ihn erst gestern gekauft.

usato, a adj opp: nuovo
Ho comprato una macchina **usata**.

gebraucht
Ich habe mir einen Gebrauchtwagen gekauft.

pesante adj opp: leggero
È **pesante** il tuo zaino?

schwer; dick, warm
Ist dein Rucksack schwer?

leggero, a adj opp: pesante
Le biciclette in alluminio sono abbastanza **leggere.**

leicht
Aluminiumräder sind relativ leicht.

---

pulito, a adj opp: sporco
È una pensione molto **pulita** e tranquilla.

sauber
Die Pension ist sehr sauber und ruhig.

sporco, a adj opp: pulito
△ pl **chi, che**
Sei tutto **sporco**, che cosa hai fatto?

schmutzig, dreckig

Du bist ja ganz schmutzig, was hast du gemacht?

pulire *v* ⚠ *pulisco*
Le tue scarpe sono sempre perfette. Le **pulisci** tutti i giorni?

putzen
Deine Schuhe sehen immer tipptopp aus. Putzt du sie jeden Tag?

macchia *f* ⚠ *pl cchie*
Hai una **macchia** sulla cravatta.

Fleck *m*
Du hast einen Fleck auf der Krawatte.

lavare *v*
Io **lavo** tutto in lavatrice.

Chi **lava** i piatti stasera?

waschen; spülen
Ich wasche alles in der Maschine.
Wer spült heute Abend ab?

stirare *v*
Odio **stirare** le camicie!

bügeln
Hemdenbügeln hasse ich!

KLEIDUNG UND SCHMUCK

abbigliamento *m*
Qui all'angolo c'è un negozio di **abbigliamento** sportivo.

Kleidung *f*
Dort an der Ecke ist ein Geschäft für Sportkleidung.

moda *f*
La **moda** quest'anno è molto bizzarra.

Mode *f*
Die Mode ist heuer sehr extravagant.

elegante *adj*
Preferisco questo cappotto, è più **elegante.**

elegant
Der Mantel gefällt mir besser, er ist eleganter.

indossare *v syn:* portare
Gertrude **indossa** sempre capi di marca.

tragen
Gertrude trägt nur Markenkleidung.

vestirsi *v* ⚠ *mi vesto*
Faccio la doccia, **mi vesto** ed esco.

sich anziehen; sich kleiden
Ich dusche, ziehe mich an und verlasse das Haus.

mettersi *v syn:* indossare, *opp:* togliersi ⚠ *irr* 41
Che cosa **mi metto** per andare in discoteca?

anziehen

Was soll ich in die Disko anziehen?

spogliarsi *v opp:* vestirsi
Si spogli e si stenda sul lettino, così la visito.

sich ausziehen; sich freimachen
Machen Sie sich frei und legen Sie sich auf die Liege, damit ich Sie untersuchen kann.

nudo, a *adj syn:* vestito
A furia di girare a torso **nudo** ti prenderai un accidente!

nackt
Wenn du immer mit nacktem Oberkörper herumläufst, wirst du noch krank werden!

togliersi *v opp:* mettersi
⚠ *irr* 81
Togliti il maglione, se hai caldo!

ausziehen

Zieh doch den Pullover aus, wenn dir zu warm ist!

andare bene *v* ⚠ *irr* 3
Vanno bene le scarpe?

passen, (gut) sitzen
Passen die Schuhe?

stare bene *v* ⚠ *irr* 76
Questi pantaloni ti **stanno** veramente **bene**.

stehen
Die Hose steht dir wirklich gut.

vestire *v* ⚠ *vesto*
Questo stilista **veste** tutti i vip di Milano.

anziehen; einkleiden
Von diesem Modemacher lässt sich die Mailänder Prominenz einkleiden.

vestirsi *v* ⚠ *mi vesto*
Roberto ama **vestirsi** in modo elegante.

sich anziehen; sich kleiden
Roberto kleidet sich gerne elegant.

vestito *m syn:* abito
Mi sono comprata un **vestito** a fiori.
Questo **vestito** da uomo sarebbe perfetto per l'ufficio.

Kleidung *f;* Kleid *n;* Anzug *m*
Ich habe mir ein Kleid mit Blumenmuster gekauft.
Dieser Anzug würde sich ausgesprochen gut fürs Büro eignen.

cappotto *m*
Vorrei provare quel **cappotto** di lana che è in vetrina.

Mantel *m*
Ich würde gerne den Wollmantel aus dem Schaufenster anprobieren.

giacca *f △ pl cche*
Vorrei una **giacca** grigia da
mettere con questa gonna.

Jacke *f;* **Jackett** *n,* **Sakko** *m*
Ich suche eine graue Jacke zu
diesem Rock.

impermeabile *m*
Oggi piove, mi metto l'**imper-
meabile.**

Regenmantel *m*
Heute regnet es. Ich ziehe den
Regenmantel an.

abito *m syn:* vestito
Ho comprato un **abito** da sera
per la festa di gala.
Con quest'**abito** sta bene la
cravatta azzurra.

Kleidung *f;* **Kleid** *n;* **Anzug** *m*
Für die Gala habe ich mir ein
Abendkleid gekauft.
Zu diesem Anzug passt die
blaue Krawatte.

pantaloni *mpl*
Devo fare l'orlo ai **pantaloni,**
sono troppo lunghi.

Hose *f*
Ich muss die Hose kürzen, sie
ist zu lang.

 Pantaloni wird im Plural gebraucht oder man sagt *un paio di pantaloni.*

gonna *f*
Detesto le **gonne** a pieghe.

Rock *m*
Ich hasse Faltenröcke.

camicia *f △ pl cie*
Stai male con la **camicia** fuori
dai pantaloni.

Hemd *n*
Es sieht nicht gut aus, wenn du
das Hemd über der Hose
trägst.

tasca *f △ pl sche*
Franco ha sempre le mani in
tasca.

Tasche *f*
Franco hat ständig die Hände in
den Taschen.

bottone *m*
Ho perso un **bottone** del cap-
potto.

Knopf *m*
An meinem Mantel fehlt ein
Knopf.

scarpa *f*
Devo portare le **scarpe** dal cal-
zolaio.

Schuh *m*
Ich muss die Schuhe zum
Schuster bringen.

numero *m*
Che **numero** (di scarpe) ha?

Größe *f*
Welche (Schuh-)Größe haben
Sie?

taglia *f* ⚠ *pl* **glie**
Che **taglia** porta?

Größe *f*
Welche (Konfektions-)Größe
haben Sie?

 Die italienischen Konfektionsgrößen entsprechen nicht den deutschen. Es gibt eine Differenz von 4 bis 6. Die italienische Damengröße 42 entspricht in etwa der deutschen Größe 38, bzw. die 46 der deutschen 40.

calzino *m*
Devo rammendare i miei **calzini** blu.

Socke *f*
Ich muss meine blauen Socken
stopfen.

cappello *m*
In spiaggia metto un **cappello**
di paglia.

Hut *m*
Am Strand setze ich einen
Strohhut auf.

 Cappello nicht verwechseln mit *capello*, das Haar.

berretto *m*
Non riesco a sciare senza **berretto.**

Mütze *f*
Ohne Mütze kann ich nicht Ski
fahren.

guanto *m*
Ho perso i miei **guanti** di pelle.

Handschuh *m*
Ich habe meine Lederhandschuhe verloren.

ombrello *m*
Ho lasciato l'**ombrello** in macchina.

Schirm *m*
Ich habe den Schirm im Auto
gelassen.

stretto, a *adj opp:* largo
I jeans sono diventati troppo
stretti.

eng
Die Jeans sind zu eng geworden.

largo, a *adj opp:* stretto
⚠ *pl* **ghi, ghe**
Mara va in giro con dei vestiti
larghi perché aspetta un bambino.

weit

Mara trägt weite Kleider, weil
sie ein Kind erwartet.

corto, a *adj opp:* lungo
Vanno di moda quest'anno le
gonne **corte?**

kurz
Sind kurze Röcke heuer in
Mode?

lungo, a *adj opp:* corto △ *pl*
ghi, ghe
A me piacciono molto le gonne
lunghe.

lang
Lange Röcke gefallen mir sehr
gut.

anello *m*
Rodolfo mi ha regalato un
anello di fidanzamento!

Ring *m*
Rodolfo hat mir einen Verlo-
bungsring geschenkt.

orologio *m* △ *pl* **gi**
Ti piace il mio **orologio** nuovo?

Uhr *f*
Gefällt dir meine neue Uhr?

occhiali *mpl*
Molti escono con gli **occhiali**
scuri, anche quando è nuvolo.

Brille *f*
Auch wenn es bewölkt ist, tra-
gen viele eine Sonnenbrille.

(i) ***Occhiali*** wird im Plural gebraucht oder auch in Verbindung mit
dem Ausdruck ***un paio di***.

ARBEITSWELT

fabbrica *f* △ *pl* **che**
Lavoro in **fabbrica** come ope-
raio.

Fabrik *f*
Ich bin Arbeiter in einer Fabrik.

industria *f* △ *pl* **rie**
L'**industria** tessile è in crisi.

Industrie *f*
Die Textilindustrie befindet sich
in einer Krise.

attrezzo *m*
Teniamo sempre degli **attrezzi**
in macchina.

Werkzeug *n*
Wir haben immer Werkzeug im
Auto.

riparare *v syn:* aggiustare
Bisogna far **riparare** il televiso-
re.

reparieren
Der Fernseher muss repariert
werden.

attività *f*
Che **attività** svolge?

Tätigkeit *f;* **Beschäftigung**
Was für eine Tätigkeit üben Sie
aus?

affare *m*
Se vuole fare un vero **affare**, compri adesso le azioni.

Geschäft *n*
Wenn Sie ein gutes Geschäft machen wollen, dann sollten Sie jetzt Aktien kaufen.

ditta *f*, **azienda** *f*
La **ditta** per cui lavoro ha dichiarato fallimento.

Firma *f*
Die Firma, für die ich arbeite, hat Konkurs angemeldet.

impresa *f*
È un'**impresa** privata.

Unternehmen *n*
Das ist ein Privatunternehmen.

organizzare *v*
Organizziamo mostre e convegni.

organisieren
Wir organisieren Ausstellungen und Kongresse.

posto di lavoro *m*
Sul **posto di lavoro** non si dovrebbe fumare.

Stelle *f*, **Arbeitsplatz** *m*
Am Arbeitsplatz sollte nicht geraucht werden.

disoccupazione *f*
La **disoccupazione** è in aumento nelle regioni del nord.

Arbeitslosigkeit *f*
In den nördlichen Regionen nimmt die Arbeitslosigkeit zu.

disoccupato, a *adj*
Dei miei amici sono **disoccupati** da più di un anno.

arbeitslos
Freunde von mir sind seit über einem Jahr arbeitslos.

paga *f syn:* stipendio ⚠ *pl* **ghe**
Spero in un aumento della **paga**.

Bezahlung *f*, **Lohn** *m*
Ich hoffe auf eine Lohnerhöhung.

stipendio *m syn:* paga ⚠ *pl* **di**
Lo **stipendio** arriva puntualmente alla fine del mese.

Lohn *m*, **Gehalt** *n*
Das Gehalt geht pünktlich am Monatsende ein.

aumento *m*
Ho intenzione di chiedere un aumento di **stipendio**.

Erhöhung *f*
Ich werde eine Gehaltserhöhung beantragen.

occupato, a *adj*
In questo momento sono molto **occupato,** La richiamo più tardi.

beschäftigt
Ich bin gerade sehr beschäftigt, ich rufe Sie später zurück.

offerta *f*
Voglio farLe un'**offerta** partico-
larmente favorevole.

Angebot *n*
Ich möchte Ihnen ein beson-
ders günstiges Angebot unter-
breiten.

offrire *v* ⚠ *irr* 48, *offro*
Sarei lieta di **offrirvi** la mia
collaborazione.

anbieten
Ich würde euch gerne meine
Mitarbeit anbieten.

ordine *m*
Con la presente confermiamo
l'**ordine** del 6 aprile.

Auftrag *m,* **Bestellung** *f*
Hiermit bestätigen wir Ihren
Auftrag vom 6. April.

vendita *f opp:* acquisto
Cerchiamo impiegati con espe-
rienza di **vendita.**

Verkauf *m*
Wir suchen Mitarbeiter für den
Verkauf

svendita *f*

Nel negozio di mobili c'è una
svendita.

Schlussverkauf *m;* **Räumungs-**
verkauf *m*
Im Möbelgeschäft findet ein
Räumungsverkauf statt.

merce *f*
Una parte della **merce** non è
arrivata a destinazione.

Ware *f,* **Güter** *pl*
Ein Teil der Ware ist nicht am
Bestimmungsort angekommen.

negozio *m* ⚠ *pl* **zi**
C'è un **negozio** di alimentari
qui vicino?

Geschäft *n,* **Laden** *m*
Gibt es hier in der Nähe ein
Lebensmittelgeschäft?

aperto, a *adj opp:* chiuso
È ancora **aperta** la macelleria?

offen, geöffnet
Hat die Metzgerei noch offen?

chiuso, a *adj opp:* aperto
Di lunedì i parrucchieri sono
chiusi.

zu, geschlossen
Montags haben die Friseure zu.

vetrina *f*
Quanto costa la borsa verde
che è in **vetrina?**

Schaufenster *n*
Was kostet die grüne Tasche
im Schaufenster?

grande magazzino *m*
Ai **grandi magazzini** trovi un
po' di tutto.

Kaufhaus *n,* **Warenhaus** *n*
Im Kaufhaus findest du eigent-
lich alles.

supermercato *m*
Compro al **supermercato** per fare prima e risparmiare un po'.

Supermarkt *m*
Ich kaufe im Supermarkt ein, um etwas Zeit und Geld zu sparen.

fare la spesa *v* ⚠ *irr* 37
Io **faccio la spesa** al mercato.

einkaufen gehen
Ich gehe auf dem Markt einkaufen.

 Fare la spesa sagt man, wenn man Lebensmittel einkauft. *Fare spese* bedeutet allgemein einkaufen gehen.

comprare *v opp:* vendere
Devo **comprare** una dozzina di uova per fare la frittata.

kaufen
Für das Omelett muss ich ein Dutzend Eier kaufen.

vendere *v opp:* comprare
Vendiamo solo all'ingrosso.

verkaufen
Wir verkaufen nur en gros.

GELD

soldi *mpl syn:* denaro
Non ho più **soldi** spiccioli.

Geld *n*
Ich habe kein Kleingeld mehr.

 Viel Geld kosten wird durch *costare molto* ausgedrückt.

contante *m*
Si accettano solo pagamenti in **contante**.
Paghiamo in **contanti**.

Bargeld *n*
Wir nehmen nur Bargeld.

Wir zahlen bar.

pagare *v*
Possiamo **pagare** con la carta di credito?

zahlen, bezahlen
Können wir mit Kreditkarte bezahlen?

a parte *adv*
Ci fa un conto **a parte**, per cortesia?

getrennt
Geben Sie uns bitte getrennte Rechnungen.

prezzo *m*
C'è l'obbligo di indicare il **prezzo** sulla merce esposta.

Preis *m*
Ausgestellte Waren müssen mit einem Preis versehen sein.

caro, a *adj*
Le albicocche sono troppo **care,** non le prendo.

teuer
Aprikosen nehme ich nicht, sie sind zu teuer.

a buon prezzo, a buon mercato *adj opp:* costoso, caro
Al mercato delle pulci puoi trovare degli oggetti **a buon mercato.**

billig, preiswert; günstig

Auf dem Flohmarkt bekommst du vieles ganz billig.

guadagnare *v opp:* spendere
Un avvocato **guadagna** spesso molto bene.

verdienen
Als Rechtsanwalt verdient man oft sehr gut.

spendere *v opp:* guadagnare, risparmiare ⚠ *irr* 74
Questo mese abbiamo **speso** troppi soldi.

ausgeben

Diesen Monat haben wir zu viel ausgegeben.

risparmiare *v opp:* spendere
Cerchiamo di **risparmiare,** così facciamo un bel viaggio.

sparen
Wir versuchen zu sparen, damit wir eine schöne Reise machen können.

costo *m*
Il **costo** della benzina è ancora aumentato.

Preis *m;* **Kosten** *pl*
Der Benzinpreis ist wieder gestiegen.

costare *v*
Quanto **costa** questo frigorifero?

kosten
Was kostet dieser Kühlschrank?

affitto *m*
Gli **affitti** nelle grandi città sono molto alti.

Miete *f*
In den Großstädten sind die Mieten sehr hoch.

tassa *f syn:* imposta
Sulle sigarette bisogna pagare una **tassa** molto salata.

Steuer *f*
Auf Zigaretten wird eine gepfefferte Steuer erhoben.

spesa *f*
Quante **spese** abbiamo avuto quest'anno?

Ausgaben *pl*
Wie hoch waren unsere Ausgaben in diesem Jahr?

debito *m opp:* credito
Hanno finalmente finito di pagare i **debiti.**

Schulden *pl*
Sie haben ihre Schulden endlich abbezahlt.

banca f ⚠ pl **che**
Grazie a internet non devo più andare tutte le settimane in **banca.**

Bank f
Dank des Internet brauche ich nicht mehr jede Woche zur Bank zu gehen.

denaro m syn: soldi
Ho deciso di investire tutto il mio **denaro** in questo progetto.

Geld n
Ich habe beschlossen, mein ganzes Geld in dieses Projekt zu investieren.

banconota f opp: moneta
Questa **banconota** è falsa, non possiamo accettarla.

Geldschein m, **Banknote** f
Der Geldschein ist gefälscht, wir können ihn nicht annehmen.

moneta f
Miriam fa la raccolta di vecchie **monete.**

Münze f; **Kleingeld** n
Miriam sammelt alte Münzen.

ÄMTER UND BEHÖRDEN

ufficio m ⚠ pl **ci**
Negli **uffici** in genere è vietato fumare.

Büro n
In den Büros darf in der Regel nicht geraucht werden.

personale m syn: dipendenti
Hanno dovuto ridurre drasticamente il **personale.**

Personal n, **Mitarbeiter** pl
Sie mussten ihre Mitarbeiterzahl drastisch reduzieren.

organizzazione f
Si tratta di un'**organizzazione** internazionale.

Organisation f
Es handelt sich um eine internationale Organisation.

firmare v
Firmi qui, per cortesia.

unterschreiben
Unterschreiben Sie bitte hier.

documento m
Ha con sé un **documento** di identità?

Dokument n
Haben Sie einen Ausweis bei sich?

contratto m
Il **contratto** scade a luglio.

Vertrag m
Der Vertrag läuft im Juli aus.

POST- UND FERNMELDEWESEN

posta *f syn:* ufficio postale
La **posta** oggi chiude a mezzogiorno.

Post *f;* **Postamt** *n*
Die Post schließt heute um zwölf.

inviare *v opp:* ricevere
Le **invio** il listino prezzi per fax.

schicken
Ich schicke Ihnen die Preisliste per Fax.

postino *m*, **postina** *f*
Il **postino** passa verso le dieci.

Briefträger(in) *m(f)*
Der Briefträger kommt gegen zehn.

lettera *f*
Vado a imbucare una **lettera.**

Brief *m*
Ich gehe einen Brief einwerfen.

busta *f*
Devi indicare anche il mittente sulla **busta.**

Umschlag *m*
Du musst auf dem Umschlag auch den Absender angeben.

cartolina *f*
Mi mandi una **cartolina?**

Postkarte *f*
Schickst du mir eine Postkarte?

indirizzo *m*
Ho mandato la lettera all'**indirizzo** sbagliato.

Adresse *f*
Ich habe den Brief an die falsche Adresse geschickt.

francobollo *m*
Dove si comprano i **francobolli?**

Briefmarke *f*
Wo kann man hier Briefmarken kaufen?

 Briefmarken kann man in Postämtern und Tabakläden kaufen.

pacco *m* ⚠ *pl cchi*
Devo andare alla posta a ritirare un **pacco.**

Paket *n*
Ich muss ein Paket bei der Post abholen.

telefono *m*
Sta squillando il **telefono.**

Telefon *n*
Das Telefon läutet.

 In Italien meldet man sich am privaten Telefon nicht mit dem Namen, sondern mit *pronto*!

cellulare *m*
Chiamami sul **cellulare.**

Handy *n*
Ruf mich auf dem Handy an.

 Das Handy erfreut sich in Italien großer Beliebtheit. Es wird auch *il telefonino* genannt.

numero di telefono *m*
Il **numero di telefono** che mi hai dato è inesistente.

Telefonnummer *f*
Die Telefonnummer, die du mir gegeben hast, gibt es nicht.

prefisso *m*
Il **prefisso** internazionale per la Germania è 00-49.

Vorwahl *f*
Die Vorwahl für Deutschland ist 00-49.

telefonare *v syn:* chiamare
Telefono a Caterina e le chiedo se viene con noi.

anrufen
Ich rufe Caterina an und frage sie, ob sie mit uns kommt.

 Chiamare hat ein direktes Objekt, bei *telefonare* wird das Objekt mit *a* angeschlossen.

telefonata *f syn:* chiamata
Posso fare una **telefonata**?

Anruf *m,* **Telefongespräch** *n*
Darf ich mal telefonieren?

occupato, a *adj opp:* libero
È sempre **occupato.**

besetzt
Es ist ständig besetzt.

segreteria telefonica *f* ⚠ *pl*
segreterie telefoniche
Risponde la **segreteria telefonica** del numero: 02 3470931.

Anrufbeantworter *m*

Hier ist der Anrufbeantworter der Nummer 023470931.

RECHTSWESEN

legge *f*
La **legge** è uguale per tutti.

Gesetz *n*
Vor dem Gesetz sind alle gleich.

Polizia *f*
Se non la smette, chiamo la **polizia**.

Polizei *f*
Wenn Sie nicht damit aufhören, rufe ich die Polizei.

 Der Notruf für die Polizei ist überall in Italien 113.

poliziotto *m*, **poliziotta** *f*
syn: agente di Polizia
Alle manifestazioni prendono parte molti **poliziotti** in borghese.

Polizist(in) *m(f)*, **Polizei-beamte(r), Polizeibeamtin** *m, f*
Bei Demonstrationen sind viele Polizeibeamte in Zivil anwesend.

carabiniere *m*
A Roma in centro ho visto i **carabinieri** a cavallo.

Karabiniere *m*
Im Zentrum von Rom habe ich berittene Karabinieri gesehen.

 Die Karabinieri gehören dem Militär an.

delinquente *m*
Quell'uomo ha la faccia da **delinquente**.

Verbrecher(in) *m(f)*
Der Mann da hat eine richtige Verbrechervisage.

rubare *v*
I delinquenti hanno **rubato** molti oggetti di valore.

stehlen
Die Verbrecher haben zahlreiche Wertgegenstände gestohlen.

ladro *m*, **ladra** *f*
Hanno preso i **ladri** con le mani nel sacco.

Dieb(in) *m(f)*
Man hat die Diebe auf frischer Tat ertappt.

furto *m*
Devo denunciare un **furto**.

Diebstahl *m*
Ich muss einen Diebstahl anzeigen.

sparare *v*
Ho **sparato** per autodifesa.

schießen
Ich habe aus Notwehr ge-
schossen.

ferire *v* ⚠ *ferisco*
Il delinquente è stato **ferito** a
un braccio mentre fuggiva.

verwunden, verletzen
Bei seinem Fluchtversuch wur-
de der Verbrecher am Arm
verletzt.

ARZT UND KRANKENHAUS

dottore *m*, **dottoressa** *f*
syn: medico
La **dottoressa** La riceverà tra
un attimo.

Arzt, Ärztin *m, f*

Die Ärztin kümmert sich gleich
um Sie.

dentista *m, f* ⚠ *pl* *sti, ste*
Ho mal di denti, devo andare
dal **dentista.**

Zahnarzt, Zahnärztin *m, f*
Ich habe Zahnschmerzen. Ich
muss zum Zahnarzt.

ambulatorio *m* ⚠ *pl* *ri*
L'**ambulatiorio** medico è al
quinto piano.

Praxis *f*
Die Praxis ist im fünften Stock.

visitare *v*
Devo farmi **visitare** da uno
specialista.

untersuchen
Ich muss mich von einem Spe-
zialisten untersuchen lassen.

farmacia *f* ⚠ *pl* *cie*
Qual è la **farmacia** di turno?

Apotheke *f*
Welche Apotheke hat Dienst?

medicina *f*
Hai già preso le **medicine?**

Medizin *f*, **Medikament** *n*
Hast du schon deine Medika-
mente genommen?

ospedale *m syn:* clinica
L'**ospedale** più vicino è a circa
dieci chilometri.

Krankenhaus *n*
Das nächste Krankenhaus ist
etwa zehn Kilometer entfernt.

medico *m syn:* dottore ⚠ *pl* *ci*
I **medici** di famiglia prescrivono
troppe medicine.

Arzt, Ärztin *m, f*
Die Hausärzte verschreiben zu
viel.

infermiere *m*, **infermiera** *f*

Sono **infermiera,** lavoro in una clinica privata.

Krankenpfleger, Kranken-schwester *m, f*

Ich bin Krankenschwester und arbeite in einer Privatklinik.

paziente *m, f*

La **paziente** è affetta da epatite virale.

Patient(in) *m(f)*

Die Patientin leidet an Virus-hepatitis.

SCHULE UND UNIVERSITÄT

scuola *f*

Alla **scuola** materna vanno i bambini al di sotto dei sei anni.

Schule *f*

Kinder unter sechs Jahren be-suchen die Vorschule.

Die Schulpflicht beginnt für italienische Kinder mit dem 6. Le-bensjahr und ist mit dem 13. beendet. Sie schließt 5 Jahre Grundschule *scuola elementare* und 3 Jahre Mittelschule *scuola media* für alle ein. Im Anschluss an die Mittelschule kann man entweder aufs *liceo* (Gymnasium) oder auf ein *istituto tecnico* oder *professionale* (Fachoberschule oder Berufsschu-le) gehen.

scolastico, a *adj* ⚠ *pl ci, che*

L'anno **scolastico** va in genere da settembre a giugno.

Schul-

Das Schuljahr dauert in der Regel von September bis Juni.

maestro *m*, **maestra** *f*

Alle elemementari avevo un **maestro** molto bravo.

Meister *m;* **Lehrer(in)** *m(f)*

In der Grundschule hatte ich ei-nen sehr guten Lehrer.

insegnante *m, f*
syn: professore

L'**insegnante** di latino è malata, viene una supplente.

Lehrer(in) *m(f)*

Die Lateinlehrerin ist krank, es kommt eine Vertretung.

professore *m*,
professoressa *f*

È **professore** di storia contemporanea all'università di Urbino.

Lehrer(in); Professor(in)

Er ist Professor für Zeitgeschichte an der Universität von Urbino.

 Den Grundschullehrer nennt man *maestro*, in der Mittelschule und an den höheren Schulen heißt der Lehrer *insegnante* oder *professore*, an der Universität bezeichnet man ihn als *professore* oder *docente*.

scolaro *m*, **scolara** *f*

Lo **scolaro** è disattento e non partecipa alle lezioni.

Schüler(in) *m(f)*

Der Schüler ist unaufmerksam und beteiligt sich nicht am Unterricht.

studente *m*, **studentessa** *f*

Gli **studenti** lottano per la riforma del sistema universitario.

Schüler(in); Student(in)

Die Studenten kämpfen für eine Hochschulreform.

 Scolaro ist der Schüler an der Grundschule, *studente* wird genannt, wer die höheren Schulen und die Universität besucht.

insegnare *v*

Lui **insegna** inglese nelle scuole private.

unterrichten, lehren

Er unterrichtet Englisch an Privatschulen.

università *f*

Dopo il liceo voglio andare all'**università.**

Universität *f*

Nach dem Gymnasium möchte ich auf die Universität gehen.

classe *f*

Che **classe** fa tuo figlio?

Klasse *f*

In welche Klasse geht dein Sohn?

aula *f*

L'**aula** di fisica è in fondo al corridoio.

Klassenzimmer, Lehrsaal *n*

Der Physiksaal ist am Ende des Ganges.

materia *f* △ *pl* **rie**

Quali sono le tue **materie** preferite?

Fach *n*

Welches sind deine Lieblingsfächer?

lezione *f*
Jean impartisce **lezioni** private di francese.

Unterricht *f;* **Unterrichtsstunde** *f*
Jean gibt Privatunterricht in Französisch.

intervallo *m syn:* pausa
Durante l'**intervallo** gli alunni fanno un baccano infernale.

Pause *f*
In der Pause machen die Schüler einen Heidenlärm.

essere presente *v* ⚠ *irr 36*
Oggi tutti gli alunni **sono presenti.**

anwesend, da(bei) sein
Heute sind alle Schüler anwesend.

essere assente *v* ⚠ *irr 36*
Chi è **assente** oggi?

abwesend sein, fehlen
Wer fehlt heute?

corso *m*
Domani inizia il **corso** di storia dell'arte.

Kurs *m*
Morgen beginnt der Kurs in Kunstgeschichte.

lingua straniera *f*
Gli studenti di economia devono imparare due **lingue straniere.**

Fremdsprache *f*
Die Studenten der Wirtschaftswissenschaften müssen zwei Fremdsprachen lernen.

tradurre *v* ⚠ *irr 17*
Ho **tradotto** un libro dall'inglese all'italiano.

übersetzen
Ich habe ein Buch aus dem Englischen ins Italienische übersetzt.

traduzione *f*
La **traduzione** era molto difficile.

Übersetzung *f*
Die Übersetzung war sehr schwierig.

KUNST

arte *f*
Il museo di **arte** medievale chiude alle cinque del pomeriggio.

Kunst *f*
Das Museum für mittelalterliche Kunst schließt um fünf Uhr nachmittags.

artista *m, f* ⚠ *pl* **sti, ste**
Molti **artisti** italiani del Rinascimento hanno lavorato all'estero.

Künstler(in) *m(f)*
Zur Zeit der Renaissance arbeiteten viele italienische Künstler im Ausland.

quadro *m syn:* dipinto
La galleria d'arte "Selene" compra e vende **quadri** d'autore.

Bild *n,* **Gemälde** *n*
Die Galerie „Selene" kauft und verkauft Bilder berühmter Meister.

antico, a *adj opp:* moderno ⚠
pl **chi, che**
Si tratta di un dipinto molto **antico**.

alt; antik

Es handelt sich um ein sehr altes Bild.

moderno, a *adj opp:* antico
C'è una mostra di scultura **moderna** che mi interessa.

modern
Es gibt da eine Ausstellung moderner Plastik, die mich interessieren würde.

classico, a *adj* ⚠ *pl* **ci, che**
Ascoltiamo volentieri musica **classica.**

klassisch
Wir hören gerne klassische Musik.

romano, a *adj*
A Pompei e a Ercolano restano molti esempi della primitiva casa **romana.**

römisch
In Pompeji und Herculaneum findet man noch zahlreiche Zeugnisse alter römischer Häuser.

dipingere *v* ⚠ *irr* 28
Dipingo per passatempo, soprattutto nature morte.

malen; anmalen
Ich male zum Zeitvertreib, vor allem Stillleben.

disegnare *v*
Sai disegnare bene tu?

zeichnen
Kannst du gut zeichnen?

teatro *m*
Che cosa danno a **teatro** stasera?

Theater *n*
Was wird heute Abend im Theater gegeben?

spettacolo *m*
Il primo **spettacolo** inizia alle otto.

Vorstellung *f*
Die erste Vorstellung beginnt um acht.

cinema *m*
Il **cinema** Ariston ha sempre film di alto livello culturale in programma.

Kino *n*
Das Ariston-Kino hat immer sehr anspruchsvolle Filme im Programm.

film *m* ⚠ *pl* ***inv***
A Venezia stanno girando un **film**.

Film *m*
In Venedig wird gerade ein Film gedreht.

attore *m*, **attrice** *f*
È una famosa **attrice** televisiva.

Schauspieler(in) *m(f)*
Sie ist eine berühmte Fernsehschauspielerin.

---

musica *f* ⚠ *pl* ***che***
Sabato sera andiamo in un locale dove suonano **musica** dal vivo.

Musik *f*
Am Samstagabend gehen wir in ein Lokal mit Live-Musik.

canzone *f*
Qual è la tua **canzone** preferita?

Lied *n*
Wie heißt dein Lieblingslied?

cantare *v*
Canto in un coro da tanti anni.

singen
Ich singe seit vielen Jahren in einem Chor.

concerto *m*
Domani c'è un **concerto** di musica barocca.

Konzert *n*
Morgen gibt es ein Barockkonzert.

opera *f*
L'*Elisir d'amore* è un'**opera** di Donizetti.

Oper *f*
Der Liebestrank ist eine Oper von Donizetti.

suonare *v*
Suona la tromba in un complesso di musica jazz.

spielen
Er/Sie spielt Trompete in einer Jazzband.

KOMMUNIKATIONSMITTEL

giornale *m*
Compriamo tutti i giorni il **giornale**.

Zeitung *f*
Wir kaufen jeden Tag die Zeitung.

televisione *f*
Domenica danno un bel film alla **televisione**.

Fernsehen *n*
Am Sonntag gibt es einen schönen Film im Fernsehen.

 Anstelle von *televisione* und *televisore* werden häufig auch die Abkürzungen *la tele* oder *la tivù* (TV) verwendet.

radio *f* ⚠ *pl inv*
Ascolti le notizie sul traffico via **radio**!

Radio *n*
Verfolgen Sie die Verkehrsmeldungen im Radio!

comunicazione *f*
La **comunicazione** è stata trasmessa alla radio.

Meldung *f;* **Kommunikation** *f*
Die Meldung wurde im Radio durchgegeben.

stampa *f*
Tutti hanno il diritto di esprimere le proprie opinioni attraverso la **stampa**.

Presse *f*
Jeder hat das Recht, seine Meinung in der Presse frei zu äußern.

ERHOLUNG UND FREIZEIT

tempo libero *m*
Nel **tempo libero** mi riposo o vado in bicicletta.

Freizeit *f*
In meiner Freizeit ruhe ich mich aus oder ich fahre Fahrrad.

ferie *fpl*
Dove passate le **ferie** quest'anno?

Urlaub *m*
Wo verbringt ihr heuer euren Urlaub?

vacanza *f*
Oggi finisce la scuola, da domani cominciano le **vacanze!**

Ferien *pl*
Heute ist der letzte Schultag, ab morgen sind Ferien!

 Vacanza ist der allgemeine und für die Schulferien gebrauchte Begriff. *Ferie* hingegen bezeichnet den Urlaub eines Arbeitnehmers.

riposarsi *v opp:* stancarsi
Dopo mangiato ho bisogno di **riposarmi** un po'.

sich ausruhen
Nach dem Essen muss ich mich ein bisschen ausruhen.

pausa *f*
La **pausa** pranzo va dalle 12.30 alle 13.30.

Pause *f*
Die Mittagspause geht von 12.30 bis 13.30 Uhr.

passatempo *m syn:* hobby
Il mio **passatempo** preferito è andare a cavallo.

Zeitvertreib *m,* **Hobby** *n*
Mein Lieblingshobby ist das Reiten.

giocare *v*
Sai **giocare** a tennis?

spielen
Kannst du Tennis spielen?

gioco *m* ⚠ *pl* **chi**
Il **gioco** del calcio è seguito da migliaia di tifosi in tutto il mondo.

Spiel *n*
Tausende Fußballbegeisterte in aller Welt verfolgten das Spiel.

ballare *v*
Sabato scorso abbiamo **ballato** tutta la notte.

tanzen
Am letzten Samstag haben wir die Nacht durchgetanzt.

discoteca *f* ⚠ *pl* **che**
Venite anche voi in **discoteca?**

Diskothek *f,* **Disko** *f*
Kommt ihr auch in die Disko?

disco *m* ⚠ *pl* **schi**
Il mio gruppo preferito ha inciso un nuovo **disco**.

Schallplatte *f*
Meine Lieblingsgruppe hat eine neue Platte aufgenommen.

fotografia *f* ⚠ *pl* **fie**
Restate lì dove siete, vi faccio una **fotografia**.

Foto *n;* **Fotografieren** *n*
Bleibt so, ich mache ein Foto von euch.

fotografare *v*
Vorrei **fotografare** la scena, ma c'è poca luce.

fotografieren
Ich würde das Schauspiel gerne fotografieren, aber das Licht reicht nicht.

divertirsi *v* ⚠ *mi diverto*
In vacanza **ci** siamo **divertiti** come matti.

sich amüsieren, Spaß haben
Im Urlaub hatten wir einen Mordsspaß.

divertimento *m*
Buon **divertimento**!

Spaß *m;* **Vergnügen** *n*
Viel Spaß!

scherzo *m*
Gli facciamo uno **scherzo**?

Scherz *m;* **Spaß** *n;* **Streich** *m*
Spielen wir ihm einen Streich?

barzelletta *f*
I miei colleghi raccontano sempre **barzellette**.

Witz *m*
Meine Kollegen erzählen am laufenden Band Witze.

godersi *v* ⚠ *irr* 39
Ci siamo **goduti** tre giorni di riposo.

genießen
Wir haben drei Tage lang das Nichtstun genossen.

sigaretta *f*
Fumo solo **sigarette** senza filtro perché sono più buone.

Zigarette *f*
Ich rauche nur filterlose Zigaretten, die schmecken besser.

fumare *v*
Quante sigarette **fumi** al giorno?

rauchen
Wie viele Zigaretten rauchst du am Tag?

bere *v* ⚠ *irr*
Dopo pranzo **bevo** sempre un caffè corretto o un amaro.

trinken
Nach dem Mittagessen trinke ich immer einen Kaffee mit einem Schuss Likör oder einen Magenbitter.

SPORT

sport m △ pl *inv*
Fai **sport?**

Sport m
Treibst du Sport?

praticare v
Lucia **pratica** molti sport.

betreiben
Lucia betreibt zahlreiche Sport-
arten.

allenarsi v
Uno sportivo di professione **si
allena** per molte ore al giorno.

trainieren
Profi-Sportler trainieren täglich
viele Stunden.

squadra f
Per che **squadra** tieni?

Mannschaft f
Für welche Mannschaft bist du?

gara f
Abbiamo vinto la **gara.**

Wettkampf m, **Wettbewerb** m
Wir haben den Wettkampf ge-
wonnen.

calcio m
Domani iniziano i campionati di
calcio.

Fußball m
Morgen fangen die Fußball-
meisterschaften an.

giocatore m, **giocatrice** f
I **giocatori** di pallacanestro in
genere sono molto alti.

Spieler(in) m(f)
Basketballspieler sind in der
Regel sehr groß.

pallone m
Il **pallone** è finito fuori campo.

Fußball m; **Ball** m
Der Ball ist außerhalb des
Spielfeldes gelandet.

 Palla und *pallone* sind Synonyme, aber sie werden in unter-
schiedlichen Sportarten verwendet. Beim Volleyball zum Beispiel
sagt man *palla*, im Fußball, beim Rugby und Basketball *pallone*.

palla f
Vuoi giocare a **palla** con noi?

Ball m
Willst du mit uns Ball spielen?

tirare v
Per la rabbia e la delusione ha
tirato la racchetta per terra.

werfen
Aus Wut und Enttäuschung
warf er den Schläger auf den
Boden.

palestra *f*
Vado in **palestra** due volte alla settimana.

Fitness-Center *n;* **Turnhalle** *f*
Ich gehe zweimal in der Woche ins Fitness-Center.

partita *f*
Mio marito va quasi tutte le domeniche allo stadio, a vedere le **partite** di calcio.

Spiel *n*
Mein Mann sieht sich fast jeden Sonntag die Fußballspiele im Stadion an.

tifoso *m,* **tifosa** *f*
Marco è **tifoso** dell'Inter.

Fan *m*
Marco ist ein Fan von Inter Mailand.

record *m* ⚠ *pl* *inv*
L'atleta russo ha battuto il **record** di salto in lungo.

Rekord *m*
Der russische Leichtathlet hat einen neuen Rekord im Weitsprung aufgestellt.

corsa *f*
A Imola si tengono le **corse** automobilistiche di Formula Uno.
La gara di **corsa** a ostacoli è stata vinta da un australiano.

Rennen *n,* **Lauf** *m*
In Imola werden die Formel-1-Rennen ausgetragen.

Den Hürdenlauf gewann ein Australier.

nuotare *v*
Purtroppo non so **nuotare.**

schwimmen
Ich kann leider nicht schwimmen.

piscina *f*
C'è una **piscina** da queste parti?

Schwimmbad *n*
Gibt es hier in der Gegend ein Schwimmbad?

sciare *v*
A te piace **sciare?**

Ski laufen;Ski fahren
Fährst du gerne Ski?

sci *m* ⚠ *pl* *inv*
Lo **sci** di fondo è poco costoso e molto salutare.

Ski *m*
Der Skilanglauf ist ein preiswerter und sehr gesunder Sport.

pista *f*
Sciare fuori pista è pericoloso a causa delle valanghe.

Piste *f*
Abseits der Pisten zu fahren ist gefährlich, denn es besteht Lawinengefahr.

STAATSWESEN

politica *f* ⚠ *pl* **che**
È una **politica** economica
sbagliata.

Politik *f*
Das ist eine verfehlte Wirt-
schaftspolitik.

politico, a *adj* ⚠ *pl* **ci, che**
Le lotte **politiche** hanno desta-
bilizzato il governo.

politisch
Die politischen Auseinander-
setzungen haben die Regierung
geschwächt.

politico *m* ⚠ *pl* **ci**
È un **politico** molto stimato.

Politiker(in) *m(f)*
Er ist ein hoch geschätzter Po-
litiker.

 Es gibt keine Femininform, denn *la politica* ist die Politik.

paese *m syn:* nazione
Il **paese** ha bisogno di una
nuova politica agraria.

Land *n,* **Staat** *m*
Das Land braucht eine neue
Agrarpolitik.

stato *m*
Nella UE non esistono più i
controlli ai confini di **stato.**

Staat *m*
Innerhalb der EU werden an
den Staatsgrenzen keine Kon-
trollen mehr durchgeführt.

repubblica *f* ⚠ *pl* **che**
In una **repubblica** parlamenta-
re il governo viene eletto dal
parlamento.

Republik *f*
In einer parlamentarischen Re-
publik wird die Regierung vom
Parlament gewählt.

democrazia *f*
In una **democrazia** il popolo è
sovrano.

Demokratie *f*
In einer Demokratie ist das Volk
der Souverän.

governo *m*
C'è una nuova crisi di **governo.**

Regierung *f*
Wir haben wieder eine Regierungskrise.

governare *v*
Il paese è **governato** democraticamente.

regieren
Das Land wird demokratisch regiert.

partito *m*
Tra i **partiti** di destra e di centro si è formata un'alleanza.

Partei *f*
Die Rechts-Mitte-Parteien haben eine Koalition gebildet.

ministero *m*
Il **ministero** degli Affari Esteri ha sede a Roma.

Ministerium *n*
Das Außenministerium hat seinen Sitz in Rom.

presidente *m, f*
Il **presidente** della repubblica è il capo dello stato.

Präsident(in) *m(f)*
Der Staatspräsident ist das Staatsoberhaupt.

ministro *m, f*
Il **ministro** delle finanze italiano è in visita a Berlino.

Minister(in) *m(f)*
Der italienische Finanzminister ist zu Besuch in Berlin.

confine *m*
Ventimiglia è al **confine** con la Francia.

Grenze *f*
Ventimiglia liegt an der Grenze zu Frankreich.

straniero, a *adj*
Nella classe di mio figlio ci sono molti bambini **stranieri.**

ausländisch, fremd
In der Klasse meines Sohnes sind viele ausländische Kinder.

straniero *m*, **straniera** *f*
In Toscana vivono molti **stranieri.**

Ausländer(in) *m(f)*
In der Toskana leben viele Ausländer.

guerra *f opp:* pace
Dopo la seconda **guerra** mondiale è iniziata la **guerra** fredda.

Krieg *m*
Nach dem Zweiten Weltkrieg begann der Kalte Krieg.

pace *f opp:* guerra, conflitto
Il rispetto dei diritti umani è una
garanzia di **pace.**

Frieden *m*
Die Achtung der Menschen-
rechte ist eine Garantie für den
Frieden.

soldato *m*, **soldatessa** *f*
I **soldati** prestano soccorso in
caso di calamità naturali.

Soldat(in) *m(f)*
Die Soldaten leisten bei Natur-
katastrophen Hilfe.

nemico *m*, **nemica** *f*
opp: amico, amica ⚠ *pl ci, che*
Le truppe hanno sconfitto il
nemico.

Feind(in) *m(f)*

Die Truppen haben den Feind
besiegt.

esercito *m*
L'**esercito** nemico ha subito
gravi perdite.

Armee *f,* **Militär** *n;* **Heer** *n*
Die gegnerische Armee hatte
schwere Verluste zu verzeich-
nen.

servizio militare *m*
Tutti i ragazzi devono fare il
servizio militare.

Wehrdienst *m*
Alle jungen Männer müssen ih-
ren Wehrdienst ableisten.

KIRCHE UND RELIGION

chiesa *f syn:* basilica
La **chiesa** di San Lorenzo ha
una facciata romanica.

Kirche *f*
Die San Lorenzo-Kirche hat ei-
ne romanische Fassade.

basilica *f* ⚠ *pl che*
È una **basilica** paleocristiana.

Basilika *f,* **Kirche** *f*
Das ist eine frühchristliche Ba-
silika.

pregare *v*
I fedeli **pregano** Dio, Gesù, la
Madonna e i Santi per ottenere
una grazia, protezione o aiuto.

beten, bitten um
Die Gläubigen bitten Gott, Je-
sus, die Mutter Maria und die
Heiligen um Gnade, Schutz
oder Beistand.

Dio *m*
I testi sacri contengono la pa-
rola di **Dio**.

Gott *m*
In der Heiligen Schrift ist das
Wort Gottes niedergelegt.

 Der christliche Gott wird großgeschrieben, während ein heid-
nischer Gott mit einem kleinen *d* geschrieben wird. Die Göttin
heißt *la dea*, der Plural lautet *i dei, le dee*.

Natale *m*
A **Natale** molti tornano a casa
per festeggiare con i familiari.

Weihnachten *n*
Viele fahren zu Weihnachten
nach Hause, um mit ihren An-
gehörigen zu feiern.

Pasqua *f*
La **Pasqua** è la festa cristiana
che commemora la risurrezione
di Gesù Cristo.

Ostern *n*
Ostern ist das christliche Fest,
bei dem man der Auferstehung
Christi gedenkt.

religione *f*
La **religione** cristiana riconosce
l'esistenza di un solo Dio.

Religion *f*
Die christliche Religion erkennt
nur die Existenz eines einzigen
Gottes an.

religioso, a *adj*
L'insegnamento **religioso** fa
quasi sempre parte delle mate-
rie scolastiche.

religiös, Religions-
Religionslehre zählt fast überall
zu den Unterrichtsfächern.

DORF UND STADT

città *f opp:* campagna
In **città** il traffico è diventato in-
sopportabile.

Stadt *f*
In den Städten ist der Verkehr
unerträglich geworden.

abitante *m, f*
Pisa ha circa mezzo milione di
abitanti.

Einwohner(in) *m(f)*
Pisa hat etwa eine halbe Million
Einwohner.

campagna *f opp:* città
Nessuno vuole più vivere in
campagna.

Land *n*
Niemand will mehr auf dem
Land leben.

paese *m opp:* città
Il **paese** più vicino è a venti chilometri da qui.

Dorf *n*
Das nächste Dorf ist zwanzig Kilometer von hier entfernt.

centro *m opp:* periferia
In **centro** è impossibile trovare parcheggio.

Zentrum *n;* **Innenstadt** *f*
In der Innenstadt ist es unmöglich, einen Parkplatz zu finden.

quartiere *m*
Nel mio **quartiere** non ci sono cinema.

Viertel *n,* **Stadtteil** *m*
In meinem Viertel gibt es keine Kinos.

edificio *m* ⚠ *pl* **ci**
In questo **edificio** ha sede la Facoltà di Scienze Politiche.

Gebäude *n*
In diesem Gebäude ist die Fakultät für politische Wissenschaften untergebracht.

piazza *f*
Al centro della **piazza** c'è una statua di Garibaldi.

Piazza *f,* **Platz** *m*
In der Mitte des Platzes steht ein Garibaldi-Denkmal.

strada *f*
Questa **strada** porta direttamente in centro.

Straße *f*
Diese Straße führt direkt ins Zentrum.

 Strada ist die allgemeine Bezeichnung für Straße, wird aber nie in Straßennamen benützt. Die häufigste Bezeichnung ist *la via.* *Il viale* ist breiter als *la via.* *Il corso* ist eine Hauptstraße, meistens im Zentrum und besonders bedeutend. *Il vicolo* bezeichnet eine schmale Gasse.

via *f* ⚠ *pl* **vie**
La Banca Carige è in **via** Dante.

Straße *f*
Die Carige-Bank ist in der Dantestraße.

viale *m*
Questo **viale** porta al mare.

Straße *f,* **Allee** *f*
Die Allee führt zum Meer.

marciapiede *m*
Moto e motorini sono spesso posteggiati sul **marciapiede.**

Gehweg *m,* **Bürgersteig** *m*
Motorräder und Mofas werden häufig auf den Gehwegen abgestellt.

ponte *m*
Il **ponte** di Rialto, a Venezia, è anche detto **ponte** dei sospiri.

Brücke *f*
Die Rialtobrücke in Venedig wird auch Seufzerbrücke genannt.

fontana *f*
Roma è famosa per le sue magnifiche **fontane.**

Brunnen *m*
Rom ist berühmt für seine prächtigen Brunnen.

LANDSCHAFT

paesaggio *m* ⚠ *pl* **ggi**
La Toscana ha un **paesaggio** molto dolce.

Landschaft *f*
Die toskanische Landschaft ist ausgesprochen harmonisch.

terreno *m syn:* suolo
In Pianura Padana il **terreno** è molto fertile.

Land *n;* **Boden** *m,* **Erde** *f*
Die Poebene hat einen sehr fruchtbaren Boden.

montagna *f syn:* monte *m,*
opp: pianura
In **montagna** si respira aria pura.

Berg *m*

Im Gebirge kann man reine Luft atmen.

cima *f*
Le **cime** dei monti sono ancora innevate.

Gipfel *m,* **Spitze** *f*
Auf den Berggipfeln liegt noch Schnee.

collina *f*
Sulle **colline** del Piemonte si coltiva la vite.

Hügel *m*
Auf den Hügeln des Piemont wird Wein angebaut.

 Ein Synonym für *collina* ist *colle*. Besonders berühmt sind die *sette colli*, die Sieben Hügel von Rom.

valle *f*
In fondo alla **valle** scorre un fiume.
La **val** Badia è in Trentino Alto-Adige.

Tal *n*
Unten im Tal fließt ein Fluss.

Das Gadertal liegt in Südtirol.

 Man benutzt die Abkürzung *val*, wenn *valle* vor einem Eigennamen steht. Z.B.: *Annalisa è nata in val di Non.*

costa *f*
La **costa** amalfitana attira molti turisti.

Küste *f* → riva
Die Küste bei Amalfi zieht viele Touristen an.

spiaggia *f* ⚠ *pl* **ggie**
In Sardegna ci sono **spiagge** poco affollate e molto belle.

Strand *m*
Auf Sardinen gibt es sehr schöne Strände, die nicht so überlaufen sind.

fiume *m*
Il Po è il **fiume** più lungo d'Italia.

Fluss *m*
Der Po ist der längste Fluss Italiens.

lago *m* ⚠ *pl* **ghi**
Le acque del **lago** sono molto pulite.

See *m*
Der See ist sehr sauber.

riva *f*
Sulla **riva** del fiume vivono molti uccelli.

Ufer *n*
Am Ufer des Flusses leben viele Vögel.

Riva bezeichnet das Ufer allgemein, beim Meer spricht man auch von *la costa*.

bosco *m* ⚠ *pl* **schi**
I cercatori di funghi conoscono benissimo i **boschi**.

Wald *m* → foresta
Pilzesammler kennen sich in den Wäldern sehr gut aus.

foresta *f*
Nelle **foreste** tropicali vivono molti animali.

Wald *m*
In den tropischen Wäldern leben viele Tiere.

Eine *foresta* ist dichter und größer als ein *bosco*.

parco *m* ⚠ *pl* **chi**

Nel **parco** del Gran Paradiso è possibile vedere gli stambecchi.

Grünanlage *f;* **Park** *m*

Im Nationalpark Gran Paradiso kann man Steinböcke sehen.

campo *m*
Il **campo** da golf di Rapallo è un'oasi di pace.

Feld *n;* **Platz** *m*
Der Golfplatz von Rapallo ist eine Oase der Ruhe.

NATUR

natura f
Proteggere la **natura** è un nostro dovere.

Natur f
Es ist unsere Pflicht, die Natur zu schützen.

naturale adj
Per visitare questa riserva **naturale** ci vuole un permesso speciale.

natürlich, Natur-
Für den Besuch dieses Naturschutzgebietes braucht man eine Sondergenehmigung.

aria f ⚠ pl **rie**
L'**aria** di mare fa bene.

Luft f → atmosfera
Die Seeluft tut gut.

acqua f
Senza l'**acqua** non esisterebbe la vita.

Wasser n
Ohne Wasser gäbe es kein Leben.

terra f
Per questa pianta ci vuole una **terra** ricca di guano.
La **terra** qui è molto produttiva.

Erde f, **Boden** m
Diese Pflanze braucht eine gut gedüngte Erde.
Der Boden hier ist sehr fruchtbar.

onda f
Le **onde** oggi sono altissime.

Welle f
Die Wellen sind heute sehr hoch.

caldo m opp: freddo
Il **caldo** di agosto è insopportabile.

Hitze f, **Wärme** f
Im August ist die Hitze unerträglich.

fuoco m ⚠ pl **chi**
Nei boschi è vietato accendere **fuochi.**

Feuer n
In den Wäldern darf kein Feuer gemacht werden.

freddo m opp: caldo
Il **freddo** dei giorni scorsi ha rovinato le fioriture.

Kälte f
Durch die Kälte der letzten Tage sind die Blüten erfroren.

ghiaccio *m* ⚠ *pl* **cci**
È caduto un lastrone di **ghiac-cio** sulla strada.

Eis *n*
Eine Eisplatte ist auf die Straße herabgestürtzt.

animale *m syn:* bestia
Il cane è un **animale** domesti-co.

Tier *n*
Der Hund ist ein Haustier.

selvatico, a *adj* ⚠ *pl* **ci, che**
Gli animali **selvatici** hanno paura dell'uomo.

wild
Die Wildtiere fürchten sich vor dem Menschen.

uccello *m*
Le rondini sono **uccelli** migrato-ri.

Vogel *m*
Die Schwalbe ist ein Zugvogel.

volare *v*
Le api **volano** da un fiore all'al-tro.

fliegen
Die Bienen fliegen von einer Blüte zur anderen.

pesce *m*
La trota è un **pesce** d'acqua dolce.

Fisch *m*
Die Forelle ist ein Süßwasser-fisch.

cane *m*
Esistono **cani** da guardia, **cani** da caccia, **cani** da pastore...

Hund *m*
Es gibt Wachhunde, Jagdhun-de, Hütehunde...

 Die Hündin heißt *la cagna*.

gatto *m*
I **gatti** miagolano.

Katze *f*
Katzen miauen.

 Die allgemeine Bezeichnung für das Tier ist *il gatto*. Wenn man zwischen männlichen und weiblichen Tieren unterscheiden will, sagt man *il gatto* für den Kater und *la gatta* für die Katze.

gallina *f syn:* pollo
La **gallina** fa "coccodè", il gallo fa "chicchiricchì".

Huhn *n;* **Henne** *f*
Das Huhn gackert, der Hahn macht Kikeriki.

maiale *m*
Di una persona che mangia troppo si dice (in Italia) che mangia come un **maiale.**

Schwein *n*
Isst jemand übermäßig viel sagt man (in Italien), er isst wie ein Schwein.

cavallo *m*
Il **cavallo** è un animale erbivoro.

Pferd *n*
Das Pferd ist ein Pflanzenfresser.

mucca *f* ⚠ *pl cche*
Le **mucche** producono molto latte.

Kuh *f*
Die Kühe geben viel Milch.

pecora *f*
L'agnello è il piccolo della **pecora.**

Schaf *n*
Das Lamm ist das Junge des Schafes.

topo *m*
I **topi** sono animali nocivi.

Maus *f*
Mäuse sind Schädlinge.

colombo *m syn:* piccione *m*
In piazza San Marco ci sono molti **colombi**.

Taube *f*
Auf der Piazza San Marco gibt es zahllose Tauben.

pianta *f*
I ficus sono **piante** ornamentali.

Pflanze *f*
Der Gummibaum ist eine Zierpflanze.

albero *m*
Abbiamo piantato un **albero** di ciliegio in giardino.

Baum *m*
Wir haben einen Kirschbaum im Garten gepflanzt.

erba *f*
C'è l'**erba** alta nei prati.

Gras *n*
Auf den Wiesen steht das Gras hoch.

foglia *f* ⚠ *pl glie*
In autunno cadono le **foglie**.

Blatt *n*
Im Herbst fallen die Blätter.

 La foglia darf nicht mit *il foglio* (das Blatt Papier), Plural *i fogli*, verwechselt werden.

fiore *m*
I **fiori** d'arancio sono il simbolo delle nozze.

Blume *f*
Orangenblüten sind (in Italien) das Hochzeitssymbol.

mondo *m*
Tutti sognano di fare il giro del **mondo**.

Welt *f*
Jeder träumt davon, einmal um die Welt zu reisen.

Terra *f*
La **Terra** gira intorno al sole.

Erde *f*
Die Erde dreht sich um die Sonne.

luna *f*
In una notte di **luna** piena c'è molta luce.

Mond *m*
In Vollmondnächten ist es sehr hell.

stella *f*
È una notte piena di **stelle**.
Oggi non si vede una **stella** in cielo.

Stern *m*
Es ist eine sternklare Nacht.
Heute sieht man keinen Stern am Himmel.

sole *m*
Il **Sole** è la stella più vicina alla Terra.
Oggi non c'è **sole**.

Sonne *f*
Die Sonne ist der Stern, der der Erde am nächsten ist.
Heute scheint die Sonne nicht.

 Luna, *sole* und *terra* werden großgeschrieben, wenn ihre Eigenschaft als Himmelskörper im Vordergrund steht.

splendere *v*
Quando **splende** il sole fa troppo caldo.

scheinen
Wenn die Sonne scheint, ist es zu warm.

brillare *v syn:* splendere
Le stelle **brillano** in cielo.

glänzen, leuchten
Die Sterne leuchten am Himmel.

cielo *m*
In **cielo** non c'è neanche una nuvola.

Himmel *m*
Am Himmel ist kein Wölkchen zu sehen.

nord *m opp:* sud
Per domani sono previste perturbazioni al **nord**.

Norden *m;*
Für den Norden wurde für morgen schlechtes Wetter vorhergesagt.

sud *m opp:* nord
Oggi il vento soffia da **sud**.

Süden *m*
Heute kommt der Wind von Süden.

est *m opp:* ovest
La Russia è un paese dell'**Est**.

Osten *m*
Russland ist ein Land des Ostens.

 Himmelsrichtungen werden kleingeschrieben, wenn es sich um reine Richtungs- oder Ortsangaben handelt. Sie werden großgeschrieben, wenn sie den Landesteil bezeichnen. Bei Ländernamen oder Landesteilen steht der männliche Artikel, z.B. *il Nord Italia, il Sudamerica, il Centro Europa*.

ovest *m opp:* est
Il sole tramonta a **ovest**.

Westen *m*
Die Sonne geht im Westen unter.

mare *m*
È bello andare in barca con il **mare** calmo.

Meer *n;* **See** *m*
Es ist schön, bei ruhiger See mit dem Boot hinauszufahren.

Mediterraneo *m*
L'Italia è bagnata dal mare **Mediterraneo.**

Mittelmeer *n*
Italien liegt am Mittelmeer.

 Zum Mittelmeer gehören auch das Adriatische, Ionische, Tyrrhenische und das Ligurische Meer.

oceano *m*
Abbiamo attraversato l'**oceano** Atlantico.

Ozean *m*
Wir haben den Atlantischen Ozean überquert.

WETTER UND KLIMA

tempo *m*
Che **tempo** farà domani?

Wetter *n*
Wie wird das Wetter morgen?

clima *m △ pl mi*
I paesi tropicali hanno un clima **caldo** e **umido.**

Klima *n*
In den tropischen Ländern herrscht ein feuchtwarmes Klima.

temperatura *f*
Le **temperature** sono in aumento.

Temperatur *f*
Die Temperaturen steigen.

caldo, a *adj opp:* freddo
È stata una giornata molto **calda.**

warm
Es war ein sehr warmer Tag.

freddo, a *adj opp:* caldo
Nelle notti **fredde** d'inverno non esce nessuno.

kalt
In den kalten Winternächten geht niemand aus dem Haus.

sereno, a *adj opp:* nuvoloso
Il cielo è **sereno**, ma c'è molto vento.

heiter
Es ist heiter, aber sehr windig.

nuvoloso, a *adj opp:* sereno
È **nuvoloso**, ma non piove.

wolkig, bewölkt
Es ist bewölkt, aber es regnet nicht.

piovere *v opp:* splendere il sole
Quando **piove** preferisco stare a casa.

regnen
Wenn es regnet, bleibe ich lieber zu Hause.

pioggia *f opp:* sole ⚠ *pl* **ggie**
Le **pioggie** hanno causato molti danni.

Regen *m*
Der Regen hat große Schäden angerichtet.

nuvola *f*
Le **nuvole** hanno coperto il sole.

Wolke *f*
Die Wolken haben die Sonne verdeckt.

vento *m*
Gli aerei sono in ritardo a causa del forte **vento.**

Wind *m*
Wegen des heftigen Windes kommt es zu Verspätungen im Flugverkehr.

neve *f*
C'è poca **neve** sulle piste.

Schnee *m*
Auf den Pisten liegt nur wenig Schnee.

nevicare *v*
Nei prossimi giorni dovrebbe **nevicare.**

schneien
In den nächsten Tagen dürfte es schneien.

UMWELTPROBLEME

ambiente *m*
Dobbiamo proteggere l'**ambiente** che ci circonda.

Umwelt *f*
Wir müssen unsere Umwelt schützen.

inquinamento *m*
L'**inquinamento** ha raggiunto livelli preoccupanti.

(Umwelt)verschmutzung *f*
Die Umweltverschmutzung hat bedrohliche Ausmaße angenommen.

inquinare *v*
Qui il mare non è **inquinato**.

verschmutzen, verseuchen
Das Meer ist hier nicht verschmutzt.

rifiuto *m*
È vietato gettare **rifiuti** sulla spiaggia.

Abfall *m*, **Müll** *m*
Abfälle dürfen nicht am Strand weggeworfen werden.

ENERGIE UND TECHNIK

energia *f* △ *pl* **gie**
L'**energia** solare è una delle **energie** alternative.

Energie *f*
Die Sonnenenergie ist eine Alternativenergie.

potenza *f*
La **potenza** del motore incide sul costo di una macchina.

Kraft *f*, **Energie** *f*; **Leistung** *f*
Die Leistung des Motors schlägt sich auf den Preis des Fahrzeugs nieder.

potente *adj syn:* forte
Un motore molto **potente** consuma più benzina.

stark, kräftig, leistungsstark
Ein besonders leistungsstarker Motor verbraucht mehr Benzin.

elettricità *f syn:* energia
A causa del forte temporale è mancata l'**elettricità**.

Elektrizität *f*, **Strom** *m*
Das heftige Gewitter hat einen Stromausfall verursacht.

elettrico, a *adj* △ *pl* **ci, che**
Le stufe **elettriche** consumano molta energia.

elektrisch
Elektrische Heizöfen verbrauchen viel Energie.

macchinario *m* ⚠ *pl* **ri**
Una moderna tipografia dispone di **macchinari** molto veloci.

Maschine *f*
Moderne Druckereien verfügen über sehr schnelle Maschinen.

apparecchiatura *m*
syn: impianto
I dentisti usano un'**apparecchiatura** molto sofisticata.

Gerät *n*

Zahnärzte verwenden sehr feine Geräte.

motore *m*
Si è fuso il **motore.**

Motor *m*
Der Motor ist heißgelaufen.

batteria *f syn:* pila ⚠ *pl* **rie**
Le **batterie** sono scariche, bisogna cambiarle.

Batterie *f*
Die Batterien sind leer, sie müssen ausgewechselt werden.

pompa *f*
Si è rotta la **pompa** dell'acqua.

Pumpe *f*
Die Wasserpumpe ist kaputtgegangen.

funzionare *v*
L'aspirapolvere non **funziona.**

funktionieren
Der Staubsauger funktioniert nicht.

automatico, a *adj* ⚠ *pl* **ci, che**
È una porta automatica.

automatisch
Das ist eine automatische Tür.

INFORMATIONSTECHNIK

computer *m* ⚠ *pl* **inv**
Ormai tutti sanno usare il **computer.**

Computer *m*
Heute kann jeder mit einem Computer umgehen.

disco fisso *m* ⚠ *pl* **dischi fissi**
Il mio **disco fisso** è pieno.

Festplatte *f*
Auf meiner Festplatte ist kein Speicherplatz mehr frei.

dischetto *m*
Puoi registrare i dati su **dischetto** o inviarli via mail.

Diskette *f*
Du kannst die Daten auf Diskette abspeichern oder du schickst sie per E-Mail.

tastiera *f*
Ho bisogno di una nuova **tastiera** e di un altro mouse.

Tastatur *f*
Ich brauche eine neue Tastatur und eine andere Maus.

stampante *f*
La mia **stampante** a colori è troppo lenta.

Drucker *m*
Mein Farbdrucker ist zu langsam.

dati *mpl*
Con ISDN la trasmissione dei **dati** è più veloce.

Daten *pl*
Mit ISDN lassen sich die Daten viel schneller übermitteln.

rete *f syn:* internet
È possibile fare acquisti in **rete.**

Netz, Internet
Im Internet kann man sogar einkaufen.

navigare *v*
Mio figlio passa delle ore a **navigare** in internet.

surfen
Mein Sohn surft stundenlang im Internet.

scaricare *v*
Per **scaricare** un programma dalla rete ci vuole un po' di tempo.

herunterladen
Um ein Programm aus dem Internet herunterzuladen, braucht man etwas Zeit.

posta elettronica *f syn:* e-mail
Ho un nuovo indirizzo di **posta elettronica.**

E-Mail
Ich habe eine neue E-Mail-Adresse.

MATERIALIEN

duro, a *adj opp:* morbido, molle
L'acciaio è molto **duro.**

hart
Stahl ist sehr hart.

rigido, a *adj syn:* duro
È un cartone molto robusto e **rigido**.

hart; steif; fest
Das ist ein sehr starker, fester Karton.

fragile *adj syn:* delicato, tenero, *opp:* duro, forte
Il vetro è un materiale molto **fragile.**

zerbrechlich

Glas ist ein sehr zerbrechliches Material.

tenero, a *adj syn:* morbido, molle, *opp:* duro, solido
I legni **teneri** sono più facili da lavorare.

weich, zart

Weichholz ist leichter zu bearbeiten.

secco, a *adj syn:* asciutto,
opp: bagnato ⚠ *pl* **cchi, cche**
I rami **secchi** servono per accendere il fuoco.

trocken

Zum Feuermachen verwendet
man trockene Zweige.

asciutto, a *adj syn:* secco
La vernice non è ancora
asciutta.

trocken
Die Farbe ist noch nicht trocken.

bagnato, a *adj opp:* asciutto
Il cappotto di lana è ancora
tutto **bagnato.**

nass
Der Wollmantel ist noch ganz
nass.

liscio, a *adj* ⚠ *pl* **sci, scie**
Il marmo è molto **liscio**.

glatt
Marmor ist sehr glatt.

ruvido, a *adj opp:* liscio
Questa stoffa è troppo **ruvida.**

rau, hart
Der Stoff ist zu rau.

morbido, a *adj opp:* duro
Il velluto è un materiale molto
morbido.

weich
Samt ist ein sehr weicher Stoff.

essere di *v* ⚠ *irr* 36
Questo orologio **è d'**oro.

sein aus
Diese Uhr ist aus Gold.

legno *m*
Tutti i nostri mobili sono di
legno massiccio.

Holz *n*
Alle unsere Möbel sind aus
massivem Holz.

plastica *f*
Sembra legno, ma in realtà è
plastica.

Plastik *f*
Es sieht aus wie Holz, in Wirklichkeit ist es aber Plastik.

 Legno, Plural *legni*, ist der von den Bäumen stammende Rohstoff. *Legna*, Plural *legna* oder *legne*, ist das Brennholz.

pietra *f syn:* roccia
Rubini, diamanti, brillanti sono
pietre preziose.

Stein *m,* **Gestein** *n*
Rubine, Diamanten und Brillanten sind Edelsteine.

cemento *m*
Cemento, acciaio e vetro sono
i materiali da costruzione più
usati.

Beton *m*
Beton, Stahl und Glas sind die
meistverwendeten Baustoffe.

vetro *m*
Le finestre sono di **vetro**.
Questi bicchieri non sono di cristallo, sono di **vetro**.

Glas *m*
Fenster sind aus Glas.
Diese Gläser sind nicht aus Kristallglas, sondern aus einfachem Glas.

petrolio *m*
La benzina e il gasolio sono derivati del **petrolio**.

Erdöl *n*
Benzin und Heizöl sind Erdölderivate.

gas *m* ⚠ *pl inv*
In Italia si usa prevalentemente il **gas** per cucinare.

Gas *n*
In Italien kocht man überwiegend mit Gas.

cotone *m*
Il **cotone** è una fibra naturale.

Baumwolle *f*
Baumwolle ist eine Naturfaser.

lana *f*
D'inverno porto sempre una maglia di **lana**.

Wolle *f*
Im Winter trage ich immer ein Wollhemd.

metallo *m*
Le monete sono di **metallo**.

Metall *n*
Münzen sind aus Metall.

oro *m*
L'**oro** è un metallo nobile.

Gold *n*
Gold ist ein Edelmetall.

argento *m*
L'**argento** è meno prezioso dell'oro.

Silber *n*
Silber ist nicht so wertvoll wie Gold.

vero, a *adj opp:* falso
La suola di queste scarpe è di **vero** cuoio.

echt
Die Sohlen dieser Schuhe sind aus echtem Leder.

puro, a *adj*
È un abito di **pura** lana.

rein
Das Kleid ist aus reiner Wolle.

artificiale *adj opp:* naturale
La viscosa è una fibra **artificiale**.

künstlich, Kunst-
Viskose ist eine Kunstfaser.

ESSEN UND TRINKEN

cibo *m syn:* alimento
Esistono **cibi** solidi e **cibi** liquidi.

Nahrung *f*, **Essen** *n*
Es gibt feste und flüssige Nahrungsmittel.

mangiare *v*
Dove andiamo a **mangiare** stasera?

essen
Wo gehen wir heute Abend essen?

bere *v* △ *irr* 9
Andiamo a **bere** qualcosa?

trinken
Gehen wir etwas trinken?

fame *f*
Ho una **fame** da lupi.

Hunger *m*
Ich habe einen Bärenhunger.

sete *f*
Se hai **sete** bevi dell'acqua!

Durst *m*
Wenn du Durst hast, trink Wasser!

 Hungrig und durstig sein heißt auf Italienisch *avere fame, avere sete*.

pasto *m*
Dopo i **pasti** prendo un buon caffè.

Mahlzeit *f*
Nach dem Essen trinke ich einen guten Espresso.

pranzo *m*
A **pranzo** mangiamo sempre della pasta.

Mittagessen *n*
Zum Mittagessen gibt es bei uns immer Nudeln.

pranzare *v*
Di solito **pranziamo** all'una.

zu Mittag essen
Gewöhnlich essen wir um ein Uhr zu Mittag.

cena *f*
Dopo **cena** usciamo a fare una passeggiata.

Abendessen *n*
Nach dem Abendessen machen wir einen Spaziergang.

cenare *v*
Va bene se **ceniamo** alle otto stasera?

zu Abend essen
Ist es in Ordnung, wenn wir heute um acht Uhr zu Abend essen?

colazione *f*
A **colazione** prendo solo un cappuccino.

Frühstück *n*
Zum Frühstück trinke ich nur einen Cappuccino.

 Viele Italiener frühstücken nicht zu Hause sondern in einer *bar* und nehmen dort meist Cappuccino und Brioche zu sich.

piatto *m*
Le lasagne sono un **piatto** piuttosto calorico.

Gericht *n*
Lasagne ist ein eher kalorienreiches Gericht.

LEBENSMITTEL

pane *m*
Il **pane** bianco è composto da farina, acqua, lievito e sale.

Brot *n*
Weißbrot besteht aus Mehl, Wasser, Hefe und Salz.

panino *m*
I **panini** sono ancora caldi.

Brötchen *n;* **Sandwich** *n*
Die Brötchen sind noch warm.

latte *m*
Il **latte** contiene molto calcio.

Milch *f*
Milch enthält viel Kalzium.

burro *m*
Pane, **burro** e marmellata sono gli alimenti tipici della prima colazione.

Butter *f*
Brot, Butter und Marmelade sind die klassischen Bestandteile eines Frühstücks.

panna *f*
Prendo una cioccolata calda con la **panna.**

Sahne *f*
Ich nehme eine heiße Schokolade mit Sahne.

formaggio *m* ⚠ *pl* **ggi**
La mozzarella è un **formaggio** magro.

Käse *m*
Die Mozzarella ist ein Magerkäse.

uovo *m* ⚠ *pl* **le uova**
Al mercato trovi **uova** freschissime.

Ei *n*
Auf dem Markt bekommst du ganz frische Eier.

pasta *f*
Ho voglia di **pasta** al ragù.

Nudeln *pl*
Ich habe Lust auf Nudeln mit Fleischsauce.

spaghetti *mpl*
Ci facciamo gli **spaghetti** aglio e olio?

Spag(h)etti *pl*
Machen wir uns Spaghetti mit Knoblauch und Öl?

riso *m*
Con questo **riso** si possono fare degli ottimi risotti.

Reis *m*
Mit diesem Reis kann man vorzügliche Risotti zubereiten.

 Es gibt auch das Wort *il riso* mit dem Plural *le risa*, das das Lachen heißt.

pizza *f*
La **pizza** un tempo era il cibo dei poveri.

Pizza *f*
Die Pizza war früher ein Armeleuteessen.

minestra *f*
La sera mangio volentieri una **minestra** e del formaggio.

Suppe *f*
Abends esse ich gern eine Suppe und etwas Käse.

insalata *f*
L'**insalata** mi piace condita con olio, sale e limone.

Salat *m*
Am liebsten mag ich den Salat, wenn er mit Öl, Salz und Zitrone angemacht ist.

patata *f*
Le **patate** si possono cucinare in tanti modi.

Kartoffel *f*
Kartoffeln lassen sich auf unterschiedlichste Art zubereiten.

 Pommes frites heißen *patatine* oder *patate fritte*.

marmellata *f*
La **marmellata** mi piace tantissimo.

Marmelade *f*
Marmelade esse ich für mein Leben gern.

torta *f syn:* dolce
Mangiare molta **torta** fa ingrassare.

Kuchen *m*, **Torte** *f*
Zu viel Kuchen macht dick.

biscotto *m*
A colazione gli italiani inzuppano i **biscotti** nel caffelatte.

Keks *m*
Zum Frühstück essen die Italiener Kekse, die sie in Milchkaffee tunken.

cioccolata *f*
D'inverno una **cioccolata** calda
è veramente l'ideale.

gelato *m*
In questa gelateria fanno un
gelato buonissimo.

caramella *f*
Le **caramelle** fanno male ai
denti.

dolce *adj opp:* acido
Questo tiramisù è troppo **dolce**.

zucchero *m*
Quante zollette di **zucchero**
vuoi nel caffè?

acido, a *adj syn.* aspro,
opp: dolce
Ha un sapore molto **acido**.

sale *m*
Non dimenticare di mettere il
sale nell'acqua della pasta!

pepe *m*
Il **pepe** è il frutto di una pianta
tropicale.

olio *m* ⚠ *pl* **li**
L'**olio** d'oliva è ottimo per con-
dire le insalate.

aceto *m*
Un buon **aceto** balsamico è
piuttosto costoso.

lattina *f*
Vorrei una **lattina** di aranciata.

Schokolade *f*
Im Winter gibt es nichts Besse-
res als eine heiße Schokolade.

Eis *n*
In dieser Eisdiele machen sie
ein vorzügliches Eis.

Bonbon *n*
Bonbons sind schlecht für die
Zähne.

süß
Der Tiramisu ist zu süß.

Zucker *m*
Wie viele Stückchen Zucker
nimmst du in den Espresso?

sauer

Das ist sehr sauer.

Salz *n*
Vergiss nicht, Salz in das Nu-
delwasser zu geben!

Pfeffer *m*
Der Pfeffer ist die Frucht einer
tropischen Pflanze.

Öl *n*
Olivenöl eignet sich hervorra-
gend zum Anmachen von Sa-
laten.

Essig *m*
Ein guter Balsamico-Essig ist
nicht ganz billig.

Dose *f*
Ich möchte eine Dose Oran-
genlimonade.

surgelato, a *adj*
Esistono dei prodotti **surgelati** di ottima qualità.

tiefgekühlt, Tiefkühl-
Es gibt ausgezeichnete Tiefkühlprodukte.

carne *f*
Preferisco il pesce alla **carne**.

Fleisch *n*
Ich esse lieber Fisch als Fleisch.

 Fleisch kann *media, ben cotta* oder *al sangue* serviert werden (medium, durchgebraten oder blutig).

maiale *m*
La carne di **maiale** è più grassa della carne di vitello.

Schweinefleisch *n*
Schweinefleisch ist fetter als Kalbfleisch.

manzo *m*
La carne di **manzo** è una carne rossa.

Rindfleisch *n*
Rindfleisch ist ein rotes Fleisch.

vitello *m*
Il **vitello** tonnato è un specialità italiana.

Kalbfleisch *n*
Kalbfleisch in Tunfischsauce ist eine italienische Spezialität.

pollo *m*
Il **pollo** allo spiedo è particolarmente buono.

Huhn *n;* **Hähnchen** *n*
Am Spieß gebratenes Hähnchen schmeckt besonders gut.

salumi *mpl*
Di antipasto abbiamo: **salumi** misti, insalata di mare ...

Wurstwaren *mpl*
Als Vorspeise haben wir: Wurstaufschnitt, Meeresfrüchtesalat...

pesce *m*
Bisognerebbe mangiare più **pesce** e meno carne.

Fisch *m*
Man sollte mehr Fisch und weniger Fleisch essen.

frutti di mare *mpl*
Il risotto ai **frutti di mare** è una vera delizia.

Meeresfrüchte *mpl*
Ein Risotto mit Meeresfrüchten ist eine wahre Köstlichkeit.

frutta *f*
La **frutta** è ricca di vitamine.

Obst *n*
Obst ist reich an Vitaminen.

 La frutta ist der Obergriff für alle Obstsorten. *Il frutto*, Plural *i frutti*, bezeichnet die einzelne Frucht eines Baumes. Die Obstsorte ist im Italienischen immer weiblich, der Baum männlich, z. B. *la mela* der Apfel, *il melo* der Apfelbaum, *la pera* die Birne, *il pero* der Birnbaum.

verdura *f*
Mangiare molta **verdura** fa bene alla salute.

Gemüse *n*
Wer etwas für seine Gesundheit tun will, sollte viel Gemüse essen.

mela *f*
La torta di **mele** è uno dei miei dolci preferiti.

Apfel *m*
Apfelkuchen ist eine meiner Lieblingssüßspeisen.

pera *f*
Le **pere** non mi piacciono molto.

Birne *f*
Birnen mag ich nicht so sehr.

arancia *f* ⚠ *pl* **ce**
Berrei volentieri un succo d'**arancia**.

Orange *f*
Ich würde gerne einen Orangensaft trinken.

ciliegia *f* ⚠ *pl* **gie**
Mia nonna fa un'ottima marmellata di **ciliegie.**

Kirsche *f*
Meine Großmutter macht eine vorzügliche Kirschmarmelade.

pomodoro *m*
La "caprese" è un'insalata di **pomodori** e mozzarella.

Tomate *f*
Die „caprese" ist ein Salat aus Tomaten und Mozzarella.

carota *f*
Dalle **carote** viene estratto il carotene.

Mohrrübe *f*
Aus Mohrrüben gewinnt man Karotin.

bibita *f*
Vorrei una **bibita** ghiacciata.

Getränk *n*
Ich möchte ein eisgekühltes Getränk.

caffè *m syn:* espresso
Alle dieci prendo sempre un **caffè**.

Espresso *m*
Um zehn Uhr trinke ich immer einen Espresso.

 Mit *caffè* wird das bezeichnet, was in Deutschland Espresso genannt wird. Filterkaffee ist in Italien nicht gebräuchlich. Kaffee mit etwas Milch wird *macchiato* genannt und mit einem Schuss Likör *corretto*.

cappuccino *m*
Il **cappuccino** è una bevanda calda a base di caffè e latte.

Cappuccino *m*
Der Cappuccino ist ein warmes Getränk aus Espresso und Milch.

tè *m*
Vorrei un **tè** al limone, per cortesia.

Tee *m*
Ich möchte bitte einen Tee mit Zitrone.

acqua minerale *f*
Io prendo un bicchiere di **acqua minerale** gassata.

Mineralwasser *n*
Ich nehme ein Glas Mineralwasser mit Kohlensäure.

 Acqua minerale gibt es *naturale* (stilles Mineralwasser) oder *gassata* (mit Kohlensäure).

vino *m*
La Bonarda è un ottimo **vino** da pasto.

Wein *m*
Der Bonarda ist ein vorzüglicher Tafelwein.

birra *f*
Vorrei una **birra** alla spina, per favore.

Bier *n*
Ich möchte bitte ein Bier vom Fass.

bottiglia *f* ⚠ *pl* *glie*
Apriamo una **bottiglia** di Chianti, d'accordo?

Flasche *f*
Machen wir eine Flasche Chianti auf? Einverstanden?

ZUBEREITUNG DER SPEISEN

cucinare *v*
Mio marito **cucina** molto bene.

kochen
Mein Mann kocht sehr gut.

ricetta *f*
Conosco una **ricetta** fantastica per il tiramisù.

Rezept *n*
Ich kenne ein phantastisches Tiramisu-Rezept.

bollire *v* ⚠ *bollo*
Quando l'acqua **bolle,** puoi buttare la pasta.

kochen
Wenn das Wasser kocht, kannst du die Nudeln hinein-geben.

friggere *v* ⚠ *irr* 40
Che olio usi per **friggere?**

frittieren
Was für ein Öl nimmst du zum Frittieren?

arrostire *v* ⚠ *arrostisco*
Puoi **arrostire** la carne sulla brace, al forno o anche in pa-della.

braten
Du kannst das Fleisch auf dem Grill, im Ofen oder auch in der Pfanne braten.

rosolare *v*
Devi prima **rosolare** le cipolle e l'aglio tritato.

anbraten
Du musst zuerst die Zwiebeln und den gehackten Knoblauch anbraten.

fetta *f*
Taglia la carne a **fette** sottili.

Scheibe *f*
Schneid das Fleisch in dünne Scheiben.

goccia *f* ⚠ *pl cce*
Per la maionese bastano poche **gocce** di limone.

Tropfen *m*
Für die Mayonnaise reichen ein paar Tropfen Zitronensaft.

GESCHIRR UND BESTECK

piatto *m*
Per la minestra ci vuole un **piatto** fondo.

Teller *m*
Für die Suppe brauchen wir einen tiefen Teller.

bicchiere *m*
Mancano i **bicchieri** da vino.

Glas *n*
Die Weingläser fehlen noch.

pieno, a *adj opp:* vuoto
Il tuo piatto è sempre **pieno**, non hai fame?

voll
Dein Teller ist ja immer noch voll. Hast du keinen Hunger?

vuoto, a *adj opp:* pieno
La bottiglia è già **vuota**, ne ordiniamo un'altra?

leer
Die Flasche ist schon leer. Bestellen wir noch eine?

tazza *f*
Ti va una **tazza** di tè?

Tasse *f*
Wie wäre es mit einer Tasse Tee?

pentola *f*
Metto la **pentola** sul fuoco.

(Koch)topf *m*
Ich stelle den Topf auf den Herd.

padella *f*
Le patate si friggono in **padella**.

Pfanne *f*
Kartoffeln brät man in der Pfanne.

terrina *f*
Dove hai messo la **terrina** per l'insalata?

Schüssel *f*
Wo hast du die Salatschüssel hingestellt?

posata *f*
Le **posate** sono nel cassetto di destra.

Besteck *n*
Das Besteck ist in der rechten Schublade.

forchetta *f*
La **forchetta** si mette a sinistra del piatto.

Gabel *f*
Die Gabel legt man links neben den Teller.

coltello *m*
Questo **coltello** non taglia.

Messer *n*
Das Messer schneidet nicht.

cucchiaio *m* ⚠ *pl* **ai**
Per mescolare ti conviene usare un **cucchiaio** di legno.

Löffel *m*
Zum Durchmischen nimmst du am besten einen Holzlöffel.

cucchiaino *m*
Nel sugo devi aggiungere un **cucchiaino** di zucchero.

Teelöffel *m*
In die Sauce solltest du noch einen Teelöffel Zucker geben.

caffettiera *f*
Ho messo la **caffettiera** sul fuoco, tra un attimo è pronto il caffè.

Espressokanne *f*
Ich habe die Espressokanne schon auf den Herd gestellt. Der Espresso ist gleich fertig.

RESTAURANT

ristorante *m*
Mangiamo spesso al **ristorante.**

Restaurant *n*
Wir essen häufig im Restaurant.

bar *m* ⚠ *pl* **inv**
A pranzo mangio un panino in un **bar.**

Café *n*
Mittags esse ich ein Brötchen in einem Café.

pizzeria *f* ⚠ *pl* **rie**
Stasera andiamo in **pizzeria.**

Pizzeria *f*
Heute Abend gehen wir in eine Pizzeria.

gelateria *f* ⚠ *pl* **rie**
C'è un'ottima **gelateria** sulla passeggiata a mare.

Eisdiele *f*
An der Seepromenade gibt es eine ausgezeichnete Eisdiele.

pasticceria *f* ⚠ *pl* **rie**
La **pasticceria** "Poldini" è la migliore di Lucca.

Konditorei *f*
Die Konditorei „Poldini" ist die beste in ganz Lucca.

REISE

andare *v* ⚠ *irr* 3
Vado in Francia tra due setti-
mane.

gehen; fahren
In zwei Wochen fahre ich nach
Frankreich.

 Andare wird mit *essere* konjugiert. Man beachte, dass im Italie-
nischen zwischen gehen und fahren kein Unterschied gemacht
wird.

viaggiare *v*
Viaggiamo sempre in aereo, è
più veloce.

reisen
Wir reisen immer mit dem Flug-
zeug. Das geht schneller.

viaggio *m* ⚠ *pl* **ggi**
Come è andato il **viaggio?**

Reise *f*
Wie war die Reise?

partire *v opp:* arrivare ⚠ *parto*
Siamo **partiti** più tardi del pre-
visto.

abreisen, losfahren, abfahren
Wir sind später losgefahren als
geplant.

partenza *f opp:* arrivo
La **partenza** è il 15 marzo.

Abreise *f,* **Abfahrt** *f*
Abreisetermin ist der 15. März.

arrivo *m opp:* partenza
Sul terzo binario è in **arrivo** il
treno per Asti.

Ankunft *f;* **Einfahrt** *f*
Auf Gleis 3 hat der Zug nach
Asti Einfahrt.

orario *m* ⚠ *pl* **ri**
Devo consultare l'**orario**.

Fahrplan *m;* **Flugplan** *m*
Ich muss auf dem Fahrplan
nachsehen.

prendere *v opp:* perdere
⚠ *irr* 54
Andate in macchina o **prendete**
l'autobus?

nehmen

Fahrt ihr mit dem Auto oder
nehmt ihr den Bus?

perdere *v* ⚠ *irr* 49
Ho **perso** il treno.

verpassen, versäumen
Ich habe den Zug verpasst.

prepararsi *v*
Ci stiamo **preparando** per il
viaggio.

sich fertig machen
Wir machen uns gerade reise-
fertig.

biglietto *m*
Non trovo più il **biglietto.**

Fahrkarte *f;* **Flugticket** *n*
Ich finde die Fahrkarte nicht mehr.

passeggero *m*, **passeggera** *f*
I **passeggeri** sono pregati di allacciare le cinture di sicurezza e di non fumare.

Passagier(in) *m(f)*
Die Passagiere werden gebeten, die Sicherheitsgurte anzulegen und das Rauchen einzustellen.

bagaglio *m* △ *pl* **gli**
Il **bagaglio** a mano non può superare una certa dimensione.

Gepäck *n*
Handgepäck darf eine bestimmte Größe nicht überschreiten.

all'estero *adv*
All'**estero** non sempre trovi qualcuno che parla l'inglese.

im Ausland; ins Ausland
Im Ausland findest du nicht immer jemanden, der Englisch spricht.

dogana *f*
Dopo l'atterraggio bisogna passare dalla **dogana.**

Zoll *m*
Nach der Landung muss man durch den Zoll gehen.

dichiarare *v*
Ha qualcosa da **dichiarare?**

verzollen
Haben Sie etwas zu verzollen?

guida turistica *f*
Ho comprato una **guida turistica** molto buona.

Reiseführer(in) *m(f)*
Ich habe mir einen sehr guten Reiseführer gekauft.

soggiorno *m*
Come è stato il vostro **soggiorno** in montagna?

Aufenthalt *m*
Wir war euer Aufenthalt im Gebirge?

albergo *m* △ *pl* **ghi**
È un **albergo** di prima categoria.

Hotel *n*
Das ist ein First-Class-Hotel.

VERKEHR

traffico *m* ⚠ *pl* **ci**
Sulla A10 c'è molto **traffico**.

Verkehr *m*
Auf der A10 herrscht hohes Verkehrsaufkommen.

guidare *v*
Ho la patente, ma non so **guidare**.

fahren
Ich habe zwar den Führerschein, aber ich kann nicht fahren.

frenare *v*
La macchina davanti a noi ha **frenato** di colpo.

bremsen
Der Wagen vor uns hat plötzlich gebremst.

girare *v*
Per andare al museo, **giri** alla seconda strada a destra.

abbiegen
Um zum Museum zu kommen, müssen Sie an der übernächsten Straße nach rechts abbiegen.

prendere *v* ⚠ *irr* 54
Prendete la prima a destra dopo l'incrocio.

nehmen
Nehmen Sie nach der Kreuzung die erste Straße rechts.

attraversare *v*
La banca è qui di fronte, deve solo **attraversare** la piazza.

überqueren
Die Bank ist gleich gegenüber. Sie müssen nur den Platz überqueren.

parcheggiare *v*
Qui non può **parcheggiare,** è divieto di sosta.

parken
Hier können Sie nicht parken, hier ist Halteverbot.

parcheggio *m* ⚠ *pl* **ggi**
C'è un **parcheggio** custodito in Viale Matteotti.

Parkplatz *m*
Im Viale Matteotti gibt es einen bewachten Parkplatz.

stazione *f*
La **stazione** è da questa parte.

Bahnhof *m;* **Haltestelle** *f*
Der Bahnhof liegt in dieser Richtung.

fermare *v*
Questo treno **ferma** a Camogli?

(an)halten
Hält dieser Zug in Camogli?

fermata *f*
Per il duomo deve scendere alla prossima **fermata.**

Haltestelle *f*
Wenn Sie zum Dom wollen, müssen Sie an der nächsten Haltestelle aussteigen.

benzina *f*
È un motore a **benzina** o diesel?

Benzin *n*
Ist das ein Benzin- oder ein Dieselmotor?

distributore di benzina *m*
C'è un **distributore di benzina** a pochi chilometri da qui.

Tankstelle *f*
Einige Kilometer von hier ist eine Tankstelle.

macchina *f syn:* automobile
La **macchina** è dal meccanico.

Auto *n*
Das Auto ist in der Werkstatt.

auto(mobile) *f syn:* macchina
Carlo si è comprato un'**auto** nuova.

Auto *n*
Carlo hat sich ein neues Auto gekauft.

moto(cicletta) *f*
Il miglior mezzo di trasporto per andare in centro è la **moto.**

Motorrad *n*
Das beste Transportmittel für den Stadtverkehr ist das Motorrad.

 Es werden vor allem die Kurzformen *l'auto* und *la moto* benützt.

bicicletta *f*
Domenica abbiamo fatto un bel giro in **bicicletta.**

Fahrrad *n*
Am Sonntag haben wir eine herrliche Radtour gemacht.

 Es wird auch oft die Kurzform *la bici* benützt.

autobus *m* △ *pl* ***inv***
La fermata dell'**autobus** è qui di fronte.

Bus *m*
Die Bushaltestelle ist genau gegenüber.

corriera *f*
Da dove parte la **corriera** per Cecina?

Bus *m*
Wo fährt der Bus nach Cecina ab?

 Ein *autobus* befördert Personen innerhalb einer Stadt, *la corriera* hingegen fährt zwischen verschiedenen Ortschaften hin und her. Der Reisebus wiederum heißt *il pullman*.

tram *m* ⚠ *pl* **inv**
Il **tram** porta direttamente alla stazione centrale.

Straßenbahn *f*
Die Straßenbahn fährt direkt zum Hauptbahnhof.

taxi *m* ⚠ *pl* **inv**
Mi può chiamare un **taxi**, per cortesia?

Taxi *n*
Würden Sie mir bitte ein Taxi rufen?

ruota *f*
La sua macchina ha le **ruote** sgonfie.

Reifen *m*
Seine Autoreifen sind platt.

freno *m*
Può controllare i **freni**, per cortesia?

Bremse *f*
Würden Sie bitte die Bremsen prüfen?

treno *m*
Per questo **treno** è necessario pagare un supplemento.

Zug *m*
Für diesen Zug muss man einen Zuschlag bezahlen.

metropolitana *f*
La **metropolitana** di Milano è molto puntuale.

U-Bahn *f*
Die Mailänder U-Bahn ist sehr pünktlich.

binario *m* ⚠ *pl* **ri**
È vietato attraversare i **binari**.

Gleis *n*
Das Überqueren der Gleise ist verboten.

finestrino *m*
Vietato buttare oggetti dal **finestrino**.

Fenster *n*
Keine Gegenstände aus dem Fenster werfen.

vagone ristorante *m* ⚠ *pl*
vagoni ristorante
Il **vagone ristorante** si trova in testa al treno.

Speisewagen *m*

Der Speisewagen befindet sich am Zuganfang.

vagone letto *m* ⚠ *pl vagoni letto*
Ho prenotato un posto in **vagone letto.**

Schlafwagen *m*
Ich habe einen Schlafwagenplatz reservieren lassen.

cuccetta *f*
C'è ancora una **cuccetta** libera?

Platz im Liegewagen *m*
Gibt es noch einen freien Platz im Liegewagen?

scompartimento *m*
Questo è uno **scompartimento** per non fumatori.

Abteil *n*
Das ist ein Nichtraucherabteil.

controllore *m*
Sta arrivando il **controllore.**

Schaffner(in) *m(f)*
Der Schaffner kommt.

abbonamento *m*
I pendolari fanno un **abbonamento** mensile.

Dauerkarte *f*
Die Pendler fahren mit einer Monatskarte.

prenotazione *f*
Su alcuni treni la **prenotazione** è obbligatoria.

Reservierung *f*
Manche Züge kann man nur nach vorheriger Platzreservierung benutzen.

coincidenza *f*
La **coincidenza** per Venezia parte dal quarto binario.

Anschluss *m*, **Verbindung** *f*
Der Anschlusszug nach Venedig fährt auf Gleis 4 ab.

aereo *m*
L'**aereo** arriverà con un ritardo di venti minuti.

Flugzeug *n*
Das Flugzeug wird mit zwanzigminütiger Verspätung landen.

aeroporto *m*
L'**aeroporto** è pieno di turisti in attesa a causa dello sciopero.

Flughafen *m*
Wegen des Streiks ist der Flughafen mit wartenden Touristen überfüllt.

volo *m*
Il **volo** dura solo un'ora.

Flug *m*
Der Flug dauert nur eine Stunde.

nave *f*
La **nave** parte dal molo 20.

Schiff *n*
Das Schiff legt an Pier 20 ab.

barca *f* △ *pl* **che**
Nel porticciolo ci sono molte **barche.**

Boot *n*
Im Yachthafen liegen viele Boote.

porto *m*
Al **porto** è arrivata una nave americana.

Hafen *m*
Im Hafen hat ein Schiff aus Amerika angelegt.

LÄNDER

Europa *f*
Italia *f*

Europa *n*
Italien *n*

 Länder sind oft weiblich. Länder und Regionen werden meist mit dem bestimmten Artikel gebraucht, auch in Verbindung mit Präpositionen. In Verbindung mit *in* entfällt der Artikel bei weiblichen Ländernamen. *Siamo in Italia* Wir sind in Italien und *Andiamo in Italia* Wir fahren nach Italien. Auch bei männlichen Ländernamen entfällt in Verbindung mit *in* gewöhnlich der Artikel, z. B. *in Canada, in Giappone, in Piemonte, in Belgio, in Brasile*.

Stato del Vaticano *m*
Germania *f*

Vatikanstaat *m*
Deutschland *n*

Austria *f*

Österreich *n*

Svizzera *f*

Schweiz *f*

SPRACHEN UND NATIONALITÄTEN

italiano, a

italienisch; Italiener(in); Italienisch

 Für Sprachen nimmt man im Italienischen die männliche Form des Adjektivs, z.B. *l'italiano, il tedesco* das Italienisch(e), das Deutsch(e).

tedesco, a △ *pl* **schi, sche**
austriaco, a △ *pl* **ci, che**

deutsch; Deutsche(r); Deutsch
österreichisch; Österreicher (in)

svizzero, a

schweizerisch; Schweizer(in)

JAHRESABLAUF

anno *m*
Un **anno** ha 365 giorni.

Jahr *n*
Das Jahr hat 365 Tage.

 Bei Jahresangaben steht *nel*, z.B. *Sono nata nel millenovecentosettantadue.* Ich bin 1972 geboren.

stagione *f*
La più bella **stagione** dell'anno è la primavera.

Jahreszeit *f*
Die schönste Jahreszeit ist der Frühling.

primavera *f*
In **primavera** gli alberi si riacoprono di foglie.

Frühling *m*, **Frühjahr** *n*
Im Frühling bekommen die Bäume neue Blätter.

estate *f*
L'**estate** dura troppo poco.

Sommer *m*
Der Sommer ist zu kurz.

autunno *m*
In **autunno** gli alberi hanno dei colori bellissimi.

Herbst *m*
Im Herbst sind die Bäume wunderschön gefärbt.

inverno *m*
L'**inverno** va dal 22 dicembre al 21 marzo.

Winter *m*
Der Winter dauert vom 22. Dezember bis zum 21. März.

mese *m*
Maggio è il **mese** più bello.

Monat *m*
Der Mai ist der schönste Monat.

settimana *f*
Il lunedì è il primo giorno della **settimana.**

Woche *f*
Der Montag ist der erste Tag der Woche.

giorno *m*
Tra quanti **giorni** hai l'esame?

Tag *m*
Wie viele Tage sind es noch bis zu deinem Examen?

giornata *f*
È stata proprio una bella **giornata.**

Tag *m*
Das war wirklich ein schöner Tag.

 Giorno bezeichnet den Tag als Ganzes, der aus 24 Stunden besteht. *Giornata* bezeichnet den Tagesablauf, also das, was sich zwischen Tagesanbruch und Sonnenuntergang ereignet.

MONATSNAMEN

gennaio
Gennaio è un mese molto freddo.

Januar *m*
Der Januar ist ein sehr kalter Monat.

 Monatsnamen stehen gewöhnlich ohne Artikel. Sie sind alle männlich.

febbraio
A **febbraio** molti fanno la settimana bianca.

Februar *m*
Im Februar machen viele einen kurzen Wintersporturlaub.

marzo
Il 21 **marzo** inizia la primavera.

März *m*
Am 21. März beginnt der Frühling.

aprile
C'è un proverbio italiano che dice: "**aprile,** dolce dormire".

April *m*
Ein italienisches Sprichwort sagt: „Im April schläft sich's süß".

maggio
Il primo **maggio** è la festa dei lavoratori.

Mai *m*
Am 1. Mai wird der Tag der Arbeit gefeiert.

 Im Italienischen werden bei Datumsangaben Grundzahlen verwendet mit Ausnahme vom Monatsersten.

giugno
A metà **giugno** finisce la scuola.

Juni *m*
Mitte Juni endet das Schuljahr.

luglio
Il 31 **luglio** è il compleanno di mia sorella.

Juli *m*
Am 31. Juli hat meine Schwester Geburtstag.

agosto
A fine **agosto** rientrano tutti dalle vacanze.

August *m*
Ende August kehren alle aus dem Urlaub zurück.

settembre
Siamo in vacanza dal 3 al 10 **settembre.**

September *m*
Wir sind vom 3. bis 10. September in Urlaub.

ottobre
In **ottobre** cadono le foglie.

Oktober *m*
Im Oktober fallen die Blätter.

novembre
Novembre è un mese molto tri-
ste.

November *m*
Der November ist ein sehr tris-
ter Monat.

dicembre
All'inizio di **dicembre** partiamo
per le Canarie.

Dezember *m*
Anfang Dezember fliegen wir
auf die Kanarischen Inseln.

WOCHENTAGE

lunedì

Lunedì giochiamo a tennis in-
sieme.

Montag *m*

Am Montag spielen wir zusam-
men Tennis.

Il **lunedì** vado sempre in
piscina.

Montags gehe ich immer ins
Schwimmbad.

 Wochentage sind männlich mit Ausnahme von *la domenica*.

martedì
mercoledì
giovedì
venerdì
sabato

Dienstag *m*
Mittwoch *m*
Donnerstag *m*
Freitag *m*
Samstag *m*

domenica *f* ⚠ *pl* **che**
La **domenica** di solito mi ripo-
so.
Domenica prossima vado al
mare.

Sonntag *m*
Sonntags ruhe ich mich ge-
wöhnlich aus.
Nächsten Sonntag fahre ich
ans Meer.

TAGESZEIT

mattina *f* , **mattino** *m*
È stato un **mattino** piovoso.

Morgen *m*
Es war ein regnerischer Morgen.

mattinata *f*
Ho passato mezza **mattinata** alla posta.

Vormittag *m*
Ich habe den halben Vormittag auf der Post zugebracht.

 Mattina bezeichnet den Morgen als Teil des Tages, *mattinata* bezieht sich auf das, was sich im Laufe der Vormittagsstunden ereignet.

stamattina *adv syn:* questa mattina
Stamattina ho perso il treno.

heute Morgen

Heute Morgen habe ich den Zug verpasst.

 Das Adverb *stamattina* setzt sich zusammen aus dem Pronomen *questa* und dem Substantiv *mattina*. Das gilt auch für *stasera* (questa sera) und *stanotte* (questa notte).

pomeriggio *m* ⚠ *pl* **ggi**
Oggi **pomeriggio** vado al mare.

Nachmittag *m*
Heute Nachmittag gehe ich ans Meer.

sera *f*
La **sera** molti guardano la tivù.

Abend *m*
Viele sehen abends fern.

serata *f*
È stata una bellissima **serata**.

Abend *m*
Es war ein wunderschöner Abend.

 Sera bezieht sich auf den Abend als Abschnitt des Tages und *serata* auf den Ablauf des Abends.

notte *f*
Di **notte** non si sentono rumori.

Nacht *f*
Nachts ist kein Laut zu hören.

stanotte *adv*
  Stanotte non ho chiuso occhio.

heute Nacht → stamattina
  Heute Nacht habe ich kein Auge zugetan.

UHRZEIT

ora *f*
  Ci vediamo tra un'**ora**.
  Che **ora** è?

Stunde *f;* **Uhr** *f (in Zeitangaben)*
  Wir sehen uns in einer Stunde.
  Wie spät ist es?

 Bei Zeitangaben verwendet man den bestimmten Artikel: *è l'una, sono le tre e mezzo* etc.

minuto *m*
  Tra due **minuti** parte il treno.

Minute *f*
  In zwei Minuten geht der Zug.

secondo *m*
  Ha vinto la gara per pochi **secondi.**

Sekunde *f*
  Er gewann den Wettkampf mit wenigen Sekunden Vorsprung.

mezzo, a *adj*
  Sono le otto e **mezza.**

halb
  Es ist halb neun.

 Im Italienischen bezieht sich *mezzo, a* auf die laufende Stunde, nicht auf die nächste.

mezz'ora *f*
  Tra **mezz'ora** comincia la partita.

halbe Stunde
  Das Spiel beginnt in einer halben Stunde.

 Man kann auch *la mezzora* schreiben.

e *conj*
  È mezzogiorno **e** cinque.

nach
  Es ist fünf nach zwölf.

meno *adv*
  Sono le dieci **meno** venti.

vor
  Es ist zwanzig vor zehn.

in punto *adv*
  Ci vediamo alle sette **in punto?**

Punkt, genau
  Wir treffen uns Punkt sieben?

ANDERE ZEITBEGRIFFE

tempo *m*
Non c'è **tempo** da perdere.

Zeit *f*
Wir haben keine Zeit zu verlie-
ren.

quando *adv*
Quando partite?

wann; wenn; als
Wann fahrt ihr los?

mentre *conj syn:* durante
Mentre dormivo sono entrati i
ladri.

während
Während ich schlief, wurde bei
mir eingebrochen.

durante *prep syn:* mentre
Durante la notte ha nevicato.

während, in
In der Nacht hat es geschneit.

secolo *m*
Nel **secolo** scorso si sono fatti
grandi passi in campo tecnolo-
gico.

Jahrhundert *n*
Im vergangenen Jahrhundert
wurden große Fortschritte auf
dem Gebiet der Technologie
erzielt.

data *f*
Non mi ricordo più la **data** di
oggi.

Datum *n*
Welches Datum haben wir
heute?

adesso *adv syn:* subito,
opp: dopo, più tardi
Adesso dobbiamo proprio an-
dare.

jetzt, nun

Jetzt müssen wir aber wirklich
gehen.

finora *adv*
Finora non abbiamo avuto pro-
blemi.

bis jetzt
Bis jetzt hatten wir keine Pro-
bleme.

presente *m opp:* passato
Cerco sempre di vivere nel
presente.

Gegenwart *f*
Ich versuche immer, in der Ge-
genwart zu leben.

oggi *adv opp:* ieri, domani
Oggi arriva mia cugina.

heute
Heute kommt meine Cousine.

momento *m syn:* attimo
Un **momento**, per favore.

Moment *m*, **Augenblick** *m*
Einen Augenblick bitte.

ieri *adv opp:* domani, oggi
Ieri è stata una bella giornata.

gestern
Gestern war ein schöner Tag.

l'altro ieri *adv*
L'altro ieri abbiamo fatto una gita in mountain bike.

vorgestern
Vorgestern haben wir einen Ausflug mit dem Mountainbike gemacht.

passato *m opp:* futuro, presente
Galileo Galilei è uno dei grandi uomini del **passato.**

Vergangenheit *f*

Galileo Galilei war eine der großen Persönlichkeiten der Vergangenheit.

scorso, a *adj opp:* prossimo
L'anno **scorso** siamo stati in Cina.

vergangen, letzte(r, -s)
Vergangenes Jahr waren wir in China.

fa *adv*
Si sono conosciuti tre anni **fa.**

vor
Sie haben sich vor drei Jahren kennen gelernt.

domani *adv opp:* ieri, oggi
Domani è festa.

morgen
Morgen ist Feiertag.

dopodomani *adv*
Dopodomani è lunedì.

übermorgen
Übermorgen ist Montag.

 Man kann auch *dopo domani* schreiben.

futuro *m opp:* presente, passato
Abbiamo molte speranze per il **futuro.**

Zukunft *f*
Von der Zukunft erwarten wir uns viel.

prossimo, a *adj opp:* passato
La **prossima** settimana arrivano i nostri ospiti.

nächste(r, -s)
Nächste Woche kommt unser Besuch.

fino a *prep*
Fino a questo momento non abbiamo avuto problemi.

bis
Bis jetzt hatten wir keine Probleme.

per *prep*
Restiamo qui **per** qualche giorno.

lang; für; gegen
Wir bleiben einige Tage hier.

da *prep*
Sono arrivati **da** una settimana.

seit; von; vor
Sie sind vor einer Woche ange-
kommen.

 Da und bestimmter Artikel wird zu *dal, dall', dallo, dalla, dai,*
dagli, dalle.

ancora *adv*
Restate **ancora** un po'?

noch
Bleibt ihr noch ein bisschen?

poco *adv opp:* tanto, molto
Purtroppo abbiamo **poco**
tempo.

kurz, nicht lange
Leider haben wir nur wenig
Zeit.

lungo, a *adj* ⚠ *pl* **ghi, ghe**
Il viaggio è stato molto **lungo.**

lang
Die Fahrt dauerte sehr lang.

volta *f*
Siamo qui per la seconda **volta.**

Mal *n*
Wir sind zum zweiten Mal hier.

sempre *adv opp:* mai
Vado **sempre** nello stesso
posto.

immer
Ich fahre immer an den glei-
chen Ort.

mai *adv opp:* sempre
Non sono **mai** a casa.

nie, niemals
Ich bin nie zu Hause.

spesso *adv syn:* di frequente,
opp: mai, raramente
Andiamo molto **spesso** a cena
da loro.

oft

Wir gehen sehr oft zum Abend-
essen zu ihnen.

già *adv*
Siete **già** stati a Venezia?

schon
Wart ihr schon in Venedig?

prima *adv opp:* dopo
Vado **prima** in macelleria e poi
in tabaccheria.

zuerst; bevor; vor; vorher
Zuerst gehe ich in die Metz-
gerei und dann in den Tabak-
laden.

 Prima di ist nur möglich, wenn Haupt- und Nebensatz dasselbe
Subjekt haben.

dopo *prep, adv opp:* prima
Ci vediamo **dopo** cena.

nach; nachher, später; danach
Wir sehen uns nach dem
Abendessen.

puntuale *adj*
Cerca di essere **puntuale** all'-
appuntamento.

pünktlich
Versuch pünktlich zu der Ver-
abredung zu kommen.

in tempo *adv opp:* in ritardo
Sono arrivato appena **in tempo**
per vedere l'inizio dello spetta-
colo.

rechtzeitig
Ich bin gerade noch rechtzeitig
zum Beginn der Vorstellung ge-
kommen.

in ritardo *adv opp:* in tempo
Siamo arrivati **in ritardo**.

zu spät, verspätet
Wir sind zu spät gekommen.

solo *adv*
Ho saputo **solo** adesso che ti
sposi.

erst
Ich habe erst jetzt erfahren,
dass du heiratest.

presto *adv opp:* tardi
Spero di rivedervi **presto**.

bald; früh
Ich hoffe dich bald wiederzu-
sehen.

subito *adv opp:* dopo, più tardi
Telefono **subito** al dottore.

gleich, sofort
Ich rufe sofort den Arzt an.

urgente *adj*
È un caso molto **urgente**.

dringend, eilig
Der Fall ist sehr dringend.

poi *adv opp:* adesso, subito
Prima facciamo colazione e **poi**
andiamo al mare.

dann; später
Zuerst frühstücken wir und
dann gehen wir ans Meer.

tardi *adv opp:* presto
Ci vediamo più **tardi**.

spät
Wir sehen uns später.

ultimo, a *adj opp:* primo
Siamo arrivati all'**ultimo** minuto.

letzte(r, -s)
Wir sind in letzter Minute ange-
kommen.

ZEITLICHER ABLAUF

iniziare *v syn:* cominciare,
opp: finire, terminare
Inizio a lavorare alle otto.

beginnen, anfangen

Ich fange um acht Uhr zu ar-
beiten an.

cominciare *v syn:* iniziare
Cominciamo subito.
Il film **comincia** alle venti e
trenta.

anfangen, beginnen
Fangen wir gleich an.
Der Film fängt um halb acht an.

restare *v syn:* stare, rimanere
Restiamo ancora qualche gior-
no.

bleiben
Wir bleiben doch noch ein paar
Tage.

continuare *v opp:* smettere
Sono stanca, **continua** tu per
favore.

weitermachen, fortfahren
Ich bin müde, mach du bitte
weiter.

di nuovo *adv*
Devo portare **di nuovo** la mac-
china dal meccanico.

wieder, noch (ein)mal
Ich muss den Wagen noch ein-
mal in die Werkstatt bringen.

ripetere *v*
Può **ripetere** la domanda, per
favore?

wiederholen
Könnten Sie die Frage bitte
noch einmal wiederholen?

progresso *m*
Nel secolo scorso la tecnica ha
fatto grandi **progressi.**

Fortschritt *m*
Im letzten Jahrhundert wurden
große Fortschritte auf dem Ge-
biet der Technik erzielt.

diventare *v*
In poco tempo è **diventato** di-
rettore generale della ditta.

werden
Er wurde bereits nach kurzer
Zeit Generaldirektor der Firma.

cambiamento *m*
Negli ultimi anni ci sono stati
molti **cambiamenti.**

(Ver)änderung *f,* **Wechsel** *m*
In den letzten Jahren gab es
zahlreiche Veränderungen.

finire *v syn:* smettere,
opp: cominiciare, iniziare
⚠ *finisco*
La scuola **finisce** a metà giugno.

Purtroppo abbiamo **finito** il pane.

fertig werden; enden; beenden, ausgehen

Das Schuljahr endet Mitte Juni.

Leider ist uns das Brot ausgegangen.

fine *f opp:* inizio
Alla **fine** dell'anno faremo i conti.

Ende *n*, **Schluss** *m*
Am Jahresende ziehen wir Bilanz.

smettere *v syn:* finire,
opp: cominciare ⚠ *irr* 41
Ho **smesso** di studiare perché ho trovato un lavoro.

aufgeben; aufhören

Ich habe mein Studium aufgegeben, weil ich eine Arbeit gefunden habe.

terminare *v syn:* finire,
opp: iniziare, cominciare
Appena hai **terminato** il lavoro, chiamami.

beenden; fertig stellen

Ruf mich, sobald du mit der Arbeit fertig bist.

RÄUMLICHE BEGRIFFE

posto *m syn:* spazio, luogo
In cantina non c'è più **posto.**

Platz *m;* **Ort** *m*
Im Keller ist kein Platz mehr.

parte *f*
Voi siete di queste **parti?**

Teil *m,* **Ort** *m,* **Gegend** *f*
Seid ihr aus dieser Gegend?

dove *adv*
Dove si trova Montescudaio?

wo; wohin
Wo liegt Montescudaio?

 Dove wird vor è zu *dov'* verkürzt.

qui *adv syn:* qua, *opp:* lì
Qui non c'è più posto.
Da **qui** a lì ci vogliono due ore.

hier; hierhin, (hier)her
Hier ist kein Platz mehr.
Von hier nach dort braucht man zwei Stunden.

lì *adv syn:* là, *opp:* qui
  Eccolo **lì**, lo vedi?
  Sono andato **lì** tutti i giorni.

da, dort; dahin, (dort)hin
  Da ist er ja! Siehst du ihn?
  Ich bin jeden Tag dorthin ge-
  gangen.

in *prep*
  Quest'estate resterò **in** città.

  Vado **in** Umbria per qualche
  settimana.

in; nach
  Diesen Sommer bleibe ich in
  der Stadt.
  Ich fahre für einige Wochen
  nach Umbrien.

 In und bestimmter Artikel wird zu *nel, nell', nello, nella, nei, negli, nelle*.

a *prep*
  Sei mai stato **a** Ibiza?

  Appendiamo il quadro **alla** pa-
  rete di fronte al divano.
  Domani andiamo **allo** stadio.

auf; an; in; zu; nach
  Warst du schon einmal auf Ibi-
  za?
  Wir hängen das Bild an die
  Wand gegenüber dem Sofa.
  Morgen gehen wir ins Stadion.

 A und bestimmter Artikel wird zu *al, all', allo, alla, ai, agli, alle*.

da *prep*
  Questo treno viene **dalla** Ger-
  mania.
  Partiamo **da** Firenze alle sette
  del mattino.
  Casa mia non è lontana **da** ca-
  sa tua.
  Vado **dal** medico domani po-
  meriggio.

aus; von; bei; zu; über; durch
  Dieser Zug kommt aus
  Deutschland.
  Wir fahren um sieben Uhr mor-
  gens von Florenz ab.
  Mein Haus ist nicht weit von
  deinem entfernt.
  Morgen Nachmittag gehe ich
  zum Arzt.

su *prep*
  Il telefono è **sul** tavolino ac-
  canto al divano.

auf; an
  Das Telefon steht auf dem
  Tischchen neben der Couch.

 Su und bestimmter Artikel wird zu *sul, sull', sullo, sulla, sui, sugli, sulle*.

fuori *adv opp:* dentro

Venite **fuori!** Qui in giardino si
sta benissimo!
Fuori fa caldo.
Mangiamo spesso **fuori.**

via *adv*
Andiamo **via** dopodomani.
Starò **via** per molto tempo.

dovunque *adv syn:* da qualsiasi parte
Ti seguirò, **dovunque** tu vada.

spazio *m syn:* posto ⚠ *pl* **zi**
In casa nostra non c'è più **spazio.**

distanza *f*
Da questa **distanza** non vedo
niente.

lontano, a *adj, adv opp:* vicino
L'università è **lontana** da qui.

laggiù *adv syn:* lì, *opp:* qui

Vedi quella casa rossa, **laggiù?**

vicino *adv opp:* lontano
Il teatro è **vicino** al porto.

di fianco a *prep syn:* accanto
La chiesa si trova **di fianco alla**
posta.

di fronte a *prep syn:* davanti a
Di fronte al museo c'è una
bella fontana.

**hinaus, (he)raus; draußen;
auswärts**
Kommt doch raus! Im Garten ist
es herrlich!
Draußen ist es warm.
Wir essen oft auswärts.

weg, fort
Übermorgen fahren wir weg.
Ich werde lange fortbleiben.

**wo (auch) immer; wohin (auch)
immer; überall**
Ich folge dir, wohin du auch
gehst.

Platz *m*
In unserer Wohung ist kein
Platz mehr.

Entfernung *f*
Aus dieser Entfernung sehe ich
nichts.

weit
Die Universität ist weit von hier
entfernt.

**da hinten, dort unten;
da hinunter**
Siehst du das rote Haus da
hinten?

nahe, in der Nähe
Das Theater ist in der Nähe des
Hafens.

neben
Die Kirche ist neben der Post.

gegenüber
Gegenüber dem Museum ist
ein hübscher Brunnen.

opposto, a *adj*

Dobbiamo andare nella direzione **opposta.**

entgegengesetzt; gegenüberliegend
Wir müssen in die entgegengesetzte Richtung gehen.

verso *prep syn:* in direzione
Andiamo **verso** il centro.

nach, in Richtung
Wir gehen in Richtung Innenstadt.

contro *prep*
Spingiamo il letto **contro** la parete.

an, gegen
Wir schieben das Bett an die Wand.

accanto a *prep syn:* a fianco
La chiesa di S. Luca è **accanto** alla scuola.

neben
Die San Luca-Kirche liegt neben der Schule.

intorno a *prep*
Intorno alla villa c'è un grande parco.

um ... herum, rings um
Rings um die Villa erstreckt sich ein großer Park.

davanti *adv, prep opp:* dietro
La fermata dell'autobus è qui **davanti.**
Davanti a me non c'è nessuno.

vorn; vor
Die Bushaltestelle ist dort vorn.

Vor mir ist niemand.

in mezzo a *prep syn:* fra, tra

In mezzo alla piazza c'è la statua di Dante.
In mezzo a tutta quella gente c'ero anch'io.

in der Mitte von; unter, zwischen
In der Mitte des Platzes steht das Dante-Denkmal.
Unter all den Leuten war auch ich.

fra *prep*, **tra** *prep*
Il museo è **tra** la chiesa e l'ambasciata.

zwischen
Das Museum liegt zwischen der Kirche und der Botschaft.

 Die Präpositionen *fra* und *tra* sind absolut synonym.

dietro *adv, prep opp:* davanti
La posta è **dietro** alla stazione.

hinten; hinter
Das Postamt liegt hinterm Bahnhof.

in fondo a *prep opp:* davanti a
C'è una cabina telefonica **in fondo a** questa strada.

hinten; am Ende
Am Ende der Straße ist eine Telefonzelle.

di ritorno *adv*
Saremo **di ritorno** a fine mese.

zurück
Ende des Monats sind wir zurück.

lato *m*
Questo **lato** della casa prende molto sole.

Seite *f*
Diese Seite des Hauses ist sehr sonnig.

a destra *adv opp:* a sinistra
Dopo il semaforo girate **a destra**.

rechts
Nach der Ampel fahrt ihr nach rechts.

destro, a *adj opp:* sinistro
Sul lato **destro** della strada c'è divieto di sosta.

rechte(r, -s)
Auf der rechten Straßenseite ist das Parken verboten.

a sinistra *adv opp:* a destra
Prendete la seconda strada **a sinistra**.

links
Ihr müsst die zweite Straße links nehmen.

sinistro, a *adj opp:* destro
Abitiamo sulla riva **sinistra** del fiume.

linke(r, -s)
Wir wohnen am linken Ufer des Flusses.

su *adv syn:* di sopra, *opp:* giù
Prendo l'ascensore per andare **su**.
Maria è **su** che ti aspetta.

hinauf, herauf; oben
Ich fahre mit dem Fahrstuhl hinauf.
Maria wartet oben auf dich.

oltre *adv*
La strada è interrotta, non si può andare **oltre**.

weiter
Die Straße ist gesperrt, man kommt nicht weiter.

sopra *adv opp:* sotto
La mamma è **sopra**, ma scende subito.

oben
Mama ist oben. Sie kommt aber gleich herunter.

superiore *adj opp:* inferiore
Le camere da letto sono al piano **superiore**.

obere(r, -s)
Die Schlafzimmer sind im oberen Stockwerk.

lassù *adv opp:* laggiù
Lassù in cima all'albero c'è un nido.

da oben; da hinauf
Da oben im Wipfel des Baumes ist ein Nest.

in alto *adv opp:* in basso
Dovresti appendere il quadro un po' più **in alto.**

hoch
Du solltest das Bild ein bisschen höher hängen.

sotto *prep opp:* sopra
Il gatto è **sotto** il tavolo.

unter
Die Katze liegt unterm Tisch.

giù *adv opp:* su
Andiamo **giù** a piedi o con la funivia?

unten; herunter, hinunter
Gehen wir zu Fuß hinunter oder nehmen wir die Seilbahn?

basso, a *adj opp:* alto
Questa casa ha il soffitto troppo **basso.**

niedrig
Die Decke in dieser Wohnung ist zu niedrig.

inferiore *adj opp:* superiore
Le posate sono nel cassetto **inferiore.**

untere(r, -s)
Das Besteck ist in der unteren Schublade.

profondo, a *adj opp:* basso
Qui il mare è molto **profondo.**

tief
Hier ist das Meer sehr tief.

superficie *f* ⚠ *pl* **ci**
Questa parete ha una **superficie** molto ruvida.

Oberfläche *f*
Die Wand hat eine sehr raue Oberfläche.

piatto, a *adj*
Il paesaggio qui è **piatto** e uniforme.

flach; eben; glatt
Die Landschaft hier ist flach und eintönig.

diritto *adv*
Andate sempre **dritto.**

gerade; geradeaus
Ihr müsst immer geradeaus gehen.

BEWEGUNG UND RUHE

muoversi *v* ⚠ *irr* 44
Non mi sono **mosso** da qui.

sich bewegen
Ich habe mich nicht von der Stelle bewegt.

muovere *v* ⚠ *irr* 44
Mi aiuti a **muovere** questo masso?

bewegen
Hilfst du mir, diesen Felsbrocken zu bewegen?

girarsi *v*
Ci siamo **girati** e l'abbiamo visto.

sich (um)drehen
Wir drehten uns um und sahen ihn.

passo *m*
Facciamo due **passi** nel parco?

Schritt *m*
Gehen wir ein paar Schritte im Park?

saltare *v*
Siamo **saltati** giù dalla finestra.

springen, hüpfen
Wir sind aus dem Fenster gesprungen.

 Saltare wird mit *essere* konjugiert, wenn es intransitiv ist, und mit *avere*, wenn es transitiv ist.

salire *v opp:* scendere ⚠ *irr* 63
Salgo un attimo su in soffitta, torno subito.

einsteigen; hinaufgehen
Ich gehe für einen Moment auf den Dachboden hinauf, komme aber gleich wieder.

 Salire wird mit *essere* konjugiert, wenn es intransitiv ist, und mit *avere*, wenn es transitiv ist.

scendere *v opp:* salire ⚠ *irr* 66

Il livello dell'acqua è **sceso.**
Abbiamo **sceso** le scale di corsa.

aussteigen; sinken, fallen; hinuntergehen
Der Wasserpegel ist gefallen.
Wir sind die Treppe hinuntergerannt.

 Scendere wird mit *essere* konjugiert, wenn es intransitiv ist, und mit *avere*, wenn es transitiv ist.

cadere v ⚠ irr 10

Mi raccomando, stai attento a non **cadere**!

(herunter)fallen; stürzen; hinfallen
Pass bloß auf, dass du nicht hinfällst!

 Cadere wird mit *essere* konjugiert.

sedersi v opp: stare in piedi ⚠ irr 70
Mara e Luca dove **si siedono?**

sich (hin)setzen
Und wo sollen sich Mara und Luca hinsetzen?

stare in piedi v ⚠ irr 76
Sono **stato in piedi** tutto il giorno, adesso devo sedermi un po'.

stehen
Ich habe den ganzen Tag gestanden. Jetzt muss ich mich ein bisschen hinsetzen.

accomodarsi v
Prego, **si accomodi!**

Platz nehmen, sich setzen
Nehmen Sie doch bitte Platz!

SCHNELL UND LANGSAM

velocità f
Il limite massimo di **velocità** qui è di 80 chilometri all'ora.

Geschwindigkeit f
Die zulässige Höchstgeschwindigkeit liegt hier bei 80 Stundenkilometern.

correre v ⚠ irr 21
Sono **corsa** in ufficio perché avevo un appuntamento.
Ieri ho **corso** per un'ora.

rennen, laufen
Ich bin ins Büro gerannt, weil ich einen Termin hatte.
Gestern bin ich eine Stunde gelaufen.

 Correre wird mit *essere* und *avere* konjugiert. *Essere* benutzt man, wenn ein Ziel genannt oder impliziert wird, also wohin man rennt. *Avere* nimmt man, wenn das Laufen als Bewegungsart im Vordergrund steht oder wenn **correre** die Teilnahme an einem Wettkampf bezeichnet.

fretta f
Per la **fretta,** mi sono dimenticato di chiamarti.
Oggi sono di **fretta.**

Eile f
In der Eile habe ich vergessen dich anzurufen.
Heute bin ich in Eile.

veloce *adj syn:* rapido,
opp: lento
   La mia moto è più **veloce** della
   tua.

schnell
   Mein Motorrad ist schneller als
   deines.

immediato, a *adj*
   La nostra reazione è stata **im-
mediata.**

sofortig, unverzüglich; prompt
   Wir haben prompt reagiert.

lento, a *adj opp:* veloce
   Questa macchina è troppo **len-
ta.**

langsam
   Dieses Auto ist zu langsam.

RICHTUNG

direzione *f*
   In che **direzione** stiamo an-
dando?

Richtung *f*
   In welche Richtung gehen wir
gerade?

lungo *prep*
   Proseguite **lungo** il fiume e
all'incrocio girate a destra.

entlang
   Ihr müsst am Fluss entlangfah-
ren und an der Ampel nach
rechts abbiegen.

avanti *adv opp:* indietro
   Andiamo **avanti** o torniamo in-
dietro?

nach vorn, näher; vor; weiter
   Gehen wir weiter oder kehren
wir um?

in giro *adv*
   Siamo stati **in giro** tutto il gior-
no.

umher, herum; unterwegs
   Wir waren den ganzen Tag
unterwegs.

intorno a *prep syn:* attorno a
   La strada passa **intorno** al
paese.

um (herum)
   Die Straße führt um die Ort-
schaft herum.

per *prep*
   L'autobus **per** S. Gimignano
parte tra poco.
   Per che città passa il treno?

durch; nach; über
   Der Bus nach San Gimignano
fährt in Kürze ab.
   Durch welche Stadt fährt der
Zug?

KOMMEN UND GEHEN

andare *v* ⚠ *irr* 3
Io adesso **vado** a casa.

gehen
Ich gehe jetzt nach Hause.

 Andare wird gesagt, wenn die Bewegung vom Sprecher weggeht. *Andare* wird mit *essere* konjugiert.

venire *v opp:* andare ⚠ *irr* 85
Vengo anch'io al cinema stasera.

kommen
Ich komme heute Abend auch ins Kino.

 Bei *venire* ist die Richtung der Bewegung auf den Sprecher zu.

arrivare *v opp:* partire
A che ora **arriva** il vostro aereo?

ankommen
Wann kommt euer Flugzeug an?

 Arrivare wird mit *essere* konjugiert.

entrare *v opp:* uscire
I ladri sono **entrati** dalla finestra.

hineingehen, hereinkommen
Die Einbrecher sind durchs Fenster hereingekommen.

uscire *v opp:* entrare ⚠ *irr* 83
Domani sera **esco** con Marco.

hinausgehen; ausgehen
Morgen Abend gehe ich mit Marco aus.

tornare *v*
Esco un attimo, **torno** subito.

zurückkommen; wiederkommen
Ich muss kurz hinaus, komme aber gleich wieder.

 Tornare wird mit *essere* konjugiert.

vedersi *v* ⚠ *irr* 84
Oggi non **si** è fatto **vedere** in ufficio.

auftauchen, erscheinen
Er ist heute nicht im Büro erschienen.

andare via *v* ⚠ *irr* 3
È **andato via** all'improvviso.

weggehen, fortgehen
Er ist plötzlich weggegangen.

MENGENBEGRIFFE

tutto, a *pron, adj*
Ti ho cercata **tutte** le sere.

Questo lo sanno **tutti**.

jeden; alle(s); ganz
Ich habe dich jeden Abend gesucht.
Das wissen doch alle.

 Tutto ist auch in Verbindung mit einem Adjektiv veränderlich und richtet sich in Geschlecht und Zahl nach dem Beziehungswort.

molto, a *pron, adj opp:* poco
Molti non lo sanno.
Contiene **molte** calorie questa torta?

viel
Viele wissen das nicht.
Hat die Torte viele Kalorien?

quarto *m*
Prendo un **quarto** di vino rosso.

Viertel *n*
Ich nehme ein Viertel Rotwein.

metà *f*
La **metà** degli invitati non è venuta.

Hälfte *f*
Die Hälfte der Gäste ist nicht gekommen.

dozzina *f*
Vorrei una **dozzina** di uova, per favore.

Dutzend *n*
Ich möchte bitte ein Dutzend Eier.

abbastanza *adv*
Hai mangiato **abbastanza**?

genug; ziemlich
Hast du genug gegessen?

altro, a *adj*
Vorrei **altri** due cestini di fragole.

noch ein(e)
Ich hätte gerne noch zwei Schälchen Erdbeeren.

entrambi, entrambe *adj, pron*
Entrambe le sorelle sono bionde.

beide
Beide Schwestern sind blond.

più *adv opp:* meno

Gianni è **più** alto di me.

mehr (oder mit Komparativ übersetzt)
Gianni ist größer als ich.

il/la più *adv*

Questo ristorante è **il più** caro di tutti.

wird mit dem Superlativ übersetzt
Dieses Restaurant ist das teuerste von allen.

 Die Steigerung wird im Italienischen mit *più* und *meno* ausgedrückt. Der Superlativ wird mit dem bestimmten Artikel und *più* gebildet.

un po' *adv*
Ci può portare ancora **un po'** di pane?

etwas, ein bisschen
Würden Sie uns noch etwas Brot bringen?

 Nach *un po'* wird das nachfolgende Substantiv mit der Präposition *di* angeschlossen, z.B. *un po' di latte* etwas Milch. *Un po'* ist die Abkürzung von *un poco*.

meno *adv opp:* più
Così è troppo, dammene un po' **meno.**

weniger
Das ist zu viel. Gib mir ein bisschen weniger davon.

non ... nessuno, a *pron*
Non ho visto **nessuno.**

niemand, keine(r, s)
Ich habe niemanden gesehen.

 Das *non* kann nur dann weggelassen werden, wenn der Satz mit *nessuno* anfängt.

non ... niente *pron*
Oggi **non** avete mangiato **niente**?

nichts
Ihr habt heute nichts gegessen?

 Das *non* kann nur dann weggelassen werden, wenn der Satz mit *niente* anfängt.

circa *adv*
Il libro ha **circa** 200 pagine.

etwa, ungefähr
Das Buch hat etwa 200 Seiten.

al massimo *adv*
Saranno **al massimo** due quintali.

höchstens
Das sind höchstens zwei Doppelzentner.

GRUNDZAHLEN

0 zero	null
1 uno	eins
2 due	zwei

 Grundzahlen sind männlich: *un due* eine Zwei.

3 tre	drei
4 quattro	vier
5 cinque	fünf
6 sei	sechs
7 sette	sieben
8 otto	acht
9 nove	neun
10 dieci	zehn
11 <u>un</u>dici	elf
12 <u>do</u>dici	zwölf
13 <u>tre</u>dici	dreizehn
14 quat<u>tor</u>dici	vierzehn
15 <u>qu</u>indici	fünfzehn
16 <u>se</u>dici	sechzehn
17 diciassette	siebzehn
18 diciotto	achtzehn
19 diciannove	neunzehn
20 venti	zwanzig
21 ventuno	einundzwanzig

 Ventuno, trentuno etc. verlieren den Endvokal, wenn eine weitere Zahl oder ein Substantiv folgt.

22 venti<u>due</u>	zweiundzwanzig
30 trenta	dreißig
40 quaranta	vierzig
50 cinquanta	fünfzig
60 sessanta	sechzig
70 settanta	siebzig
80 ottanta	achtzig
90 novanta	neunzig
100 cento	(ein)hundert
1000 mille	(ein)tausend
1.000.000 un milione	eine Million

 Ein auf *milione* und *miliardo* folgendes Substantiv wird mit der Präposition *di* angeschlossen.

un miliardo

eine Milliarde

numero *m*
Primo, secondo, terzo sono **numeri** ordinali.

Zahl *f*; **Nummer** *f*
Primo, secondo, terzo... sind Ordnungszahlen.

somma *f*
Abbiamo dovuto pagare l'intera **somma.**

Summe *f*
Wir mussten die volle Summe bezahlen.

MASSE UND GEWICHTE

metro *m*

Meter *m*

(i) *Il metro* heißt auch der Meterstab. Nach Substantiven, die eine Menge oder ein Maß bezeichnen, z.B. *grammo, etto, litro* usw., wird das folgende Substantiv mit der Präposition *di* angeschlossen.

centimetro *m*
millimetro *m*
chilometro *m*

Zentimeter *m*
Millimeter *m*
Kilometer *m*

litro *m*
quarto *m*
mezzo *m*

Liter *m*
Viertelliter *m*
halber Liter

grammo *m*
etto(grammo) *m*
chilo(grammo) *m*
quintale *m*

Gramm *n*
hundert Gramm
Kilo(gramm) *n*
Doppelzentner *m*

ORDNUNGSBEGRIFFE

genere *m syn:* tipo, specie
Non mi piace questo **genere** di persone.

Art *f*, **Typ** *m*
Diese Art von Menschen mag ich nicht.

specie *f syn:* genere, tipo
⚠ *pl* **cie**
Nel nostro giardino cresce ogni **specie** di pianta.

Art *f*, **Sorte** *f*

In unserem Garten wachsen Pflanzen aller Art.

tipo *m syn:* genere, specie
Che **tipo** è Filippo?

Art *f*, **Sorte** *f*, **Typ** *m*
Was für ein Typ ist Filippo?

qualità *f*
Questa stoffa è di ottima **qualità.**

Qualität *f*
Dieser Stoff hat eine hervorragende Qualität.

classe *f*
Viaggio sempre in prima **classe.**

Klasse *f*
Ich fahre immer erster Klasse.

ordine *m*
È tutto in perfetto **ordine.**

Ordnung *f*, **Reihenfolge** *f*
Es ist alles in bester Ordnung.

sistemare *v*
Dobbiamo **sistemare** i libri nello scaffale.

ordnen
Wir müssen die Bücher ins Regal einordnen.

paio *m* ⚠ *pl* **le paia**
Abbiamo comprato cinque **paia** di scarpe.

Paar *n*
Wir haben fünf Paar Schuhe gekauft.

 Paio verwendet man in Verbindung mit Substantiven, die im Italienischen nur im Plural vorkommen, wie z.B. *pantaloni, occhiali, forbici* etc.

gruppo *m*
I ragazzi escono a **gruppi** dalla scuola.

Gruppe *f*
Die Jugendlichen verlassen die Schule in Gruppen.

UNTERSCHIED UND EINTEILUNG

soltanto *adv syn:* solo
Non ho la macchina, ho **soltanto** un motorino.

nur
Ich besitze kein Auto, nur ein Mofa.

solo *adv syn:* soltanto
Giovanna ha **solo** dodici anni, non può bere alcolici.

nur; erst
Giovanna ist erst zwölf, sie darf noch keinen Alkohol trinken.

singolo, a *adj opp:* doppio
Vorrei una stanza **singola** per due notti.

einzig; einzeln, Einzel-
Ich möchte ein Einzelzimmer für zwei Nächte.

pezzo *m*
Vorrei quel **pezzo** di stoffa verde.

Stück *n*
Ich möchte dieses Stück von dem grünen Stoff.

prossimo, a *adj opp:* scorso
Il **prossimo** treno è tra un'ora e mezza.

nächste(r, -s)
Der nächste Zug geht in anderthalb Stunden.

insieme *adv syn:* assieme, *opp:* da solo
Loro due escono sempre **insieme**.

zusammen

Die beiden gehen immer zusammen aus.

altro *m*
Desidera **altro?**

noch etwas, etwas anderes
Möchten Sie noch etwas?

resto *m*
La mattina lavoro, il **resto** della giornata studio.

Rest *m*
Vormittags gehe ich arbeiten und den Rest des Tages studiere ich.

diverso, a *adj opp:* uguale

Sono due caratteri completamente **diversi**.

anders, verschieden, unterschiedlich
Das sind zwei ganz unterschiedliche Charaktere.

uguale *adj opp:* diverso
I ragazzi non sono tutti **uguali**.

gleich
Nicht alle jungen Leute sind gleich.

di *prep*
Questa gonna blu è più elegante **di** quella rossa.

als
Der blaue Rock ist eleganter als der rote.

regolare *adj opp:* irregolare
Fare dei pasti **regolari** è una garanzia di salute.

regelmäßig; gleichmäßig
Wer auf regelmäßige Mahlzeiten achtet, bleibt gesund.

comune *adj opp:* raro
La Fiat è una marca molto **comune** in Italia.

üblich, geläufig, gängig
Fiat ist in Italien eine sehr gängige Automarke.

speciale *adj opp:* ordinario
Gli abbiamo riservato un trattamento **speciale.**

besondere(r, -s); Sonder-
Für ihn haben wir eine Sonderbehandlung vorgesehen.

specialmente *adv*
Sono molto nervoso, **specialmente** prima di un esame.

besonders, vor allem
Ich bin sehr nervös, besonders vor Prüfungen.

ORDNUNGSZAHLEN

primo, a *adj*

erste(r, -s)

 Ab elf werden Ordnungszahlen aus der Grundzahl gebildet, an die ein *-esimo* angehängt wird. In Ziffern werden sie geschrieben mit der Zahl und einem hochgestellten "o" oder "a", z.B. *il 6° piano* der 6. Stock, *la 6^a porta* die 6. Tür. Beim Datum verwendet man Grundzahlen, nur beim Monatsersten sagt man *il primo*.

secondo, a *adj*   **zweite(r, -s)**
terzo, a *adj*   **dritte(r, -s)**
quarto, a *adj*   **vierte(r, -s)**
quinto, a *adj*   **fünfte(r, -s)**
sesto, a *adj*   **sechste(r, -s)**
settimo, a *adj*   **siebte(r, -s)**
ottavo, a *adj*   **achte(r, -s)**
nono, a *adj*   **neunte(r, -s)**
decimo, a *adj*   **zehnte(r, -s)**
undicesimo, a *adj*   **elfte(r, -s)**
dodicesimo, a *adj*   **zwölfte(r, -s)**
tredicesimo, a *adj*   **dreizehnte(r, -s)**

quattordicesimo, a *adj*	vierzehnte(r, -s)
quindicesimo, a *adj*	fünfzehnte(r, -s)
sedicesimo, a *adj*	sechzehnte(r, -s)
diciassettesimo, a *adj*	siebzehnte(r, -s)
diciottesimo, a *adj*	achtzehnte(r, -s)
diciannovesimo, a *adj*	neunzehnte(r, -s)
ventesimo, a *adj*	zwanzigste(r, -s)
ventunesimo, a *adj*	einundzwanzigste(r, -s)
ventiduesimo, a *adj*	zweiundzwanzigste(r, -s)
ventitreesimo, a *adj*	dreiundzwanzigste(r, -s)
ventiquattresimo, a *adj*	vierundzwanzigste(r, -s)
trentesimo, a *adj*	dreißigste(r, -s)
quarantesimo, a *adj*	vierzigste(r, -s)
cinquantesimo, a *adj*	fünfzigste(r, -s)
sessantesimo, a *adj*	sechzigste(r, -s)
settantesimo, a *adj*	siebzigste(r, -s)
ottantesimo, a *adj*	achtzigste(r, -s)
novantesimo, a *adj*	neunzigste(r, -s)
centesimo, a *adj*	hundertste(r, -s)

Ursache und Wirkung

perché *conj*
Perché Maria non è venuta alla festa?

warum; weil, da
Warum ist Maria nicht zum Fest gekommen?

perché *m*
Il **perché** non è chiaro.

Grund *m*
Der Grund ist nicht einleuchtend.

motivo *m syn:* perché
Non sono andato al lavoro per **motivi** di salute.

Grund *m*
Ich bin aus gesundheitlichen Gründen nicht zur Arbeit gegangen.

per *conj*
Vado a Roma **per** frequentare un corso d'italiano.

um zu
Ich fahre nach Rom, um einen Italienischkurs zu besuchen.

affinché *conj*
Ripeto, **affinché** tutti capiscano.

damit
Damit es auch alle verstehen, wiederhole ich noch einmal.

 Nach *affinché* steht der Konjunktiv.

Art und Weise

come *adv*
Come si fa la maionese?

Come secondo vorrei una bistecca ai ferri.

wie; als
Wie bereitet man eine Mayonnaise zu?
Als zweiten Gang möchte ich ein gegrilltes Beefsteak.

appena *adv syn:* da poco
Ho **appena** finito di mangiare.

kaum; gerade, eben
Ich bin gerade mit dem Essen fertig.

per niente *adv*

Michela non è **per niente** simpatica.

überhaupt nicht, gar nicht; umsonst
Michela ist gar nicht sympathisch.

invano *adv syn:* per niente
Ti ho telefonato **invano** tutta la sera.

umsonst; vergeblich
Ich habe den ganzen Abend vergeblich versucht, dich anzurufen.

almeno *adv*
L'arrosto deve restare in forno **almeno** mezz'ora.

wenigstens; mindestens
Der Braten muss mindestens eine halbe Stunde im Ofen bleiben.

quasi *adv*
La pasta è **quasi** pronta.

fast
Die Nudeln sind fast fertig.

piuttosto *adv*
Stai andando **piuttosto** veloce, rallenta un po'!

ziemlich; eher, lieber
Du läufst aber ziemlich schnell. Mach mal ein bisschen langsamer!

di solito *adv syn:* generalmente
La mattina **di solito** ci alziamo presto.

im Allgemeinen, gewöhnlich
Morgens stehen wir gewöhnlich schon früh auf.

soprattutto *adv*
Mi piace il pollo, **soprattutto** alla griglia.

vor allem, hauptsächlich
Ich esse gern Hähnchen, vor allem wenn es gegrillt ist.

proprio *adv*
Il paesaggio è **proprio** splendido.

wirklich; genau, gerade
Die Landschaft ist wirklich prächtig.

davvero *adv syn:* veramente
Lo pensi **davvero?**

wirklich
Glaubst du das wirklich?

veramente *adv syn:* davvero
È **veramente** un'ottima idea.

wirklich; eigentlich, aber
Das ist wirklich eine ausgezeichnete Idee.

anche *adv*
Anche voi mangiate molta frutta?

auch, ebenfalls
Und ihr, esst ihr auch viel Obst?

perfino *adv*
Parla benissimo **perfino** il cinese.

sogar
Sogar Chinesisch spricht er/sie hervorragend.

quindi *adv syn:* così, dunque
Quindi non ci sono problemi?

also, folglich
Es gibt also keine Probleme?

a proposito *adv*
A proposito, ti è piaciuto il film?
Capiti proprio a **proposito.**

übrigens; wie gerufen
Ach übrigens, hat dir der Film gefallen?
Du kommst wie gerufen.

improvvisamente *adv*
È mancata **improvvisamente** la luce.

plötzlich, auf einmal
Auf einmal war das Licht weg.

Farben

colore *m*
  Di che **colore** ha gli occhi?

Farbe *f*
  Was hat er/sie für eine Augen-
  farbe?

bianco, a *adj opp:* nero
△ *pl* ***chi, che***
  A me piace il pane **bianco.**

weiß

  Ich esse gerne Weißbrot.

 Das Substantiv zu den Farben ist immer männlich: *il bianco, il rosso, il nero.*

nero, a *adj opp:* bianco
  Luisa ha i capelli lunghi e **neri.**

schwarz
  Luisa hat lange schwarze
  Haare.

rosso, a *adj*
  Il semaforo è **rosso,** fermati!

rot
  Halt an! Die Ampel ist rot.

blu *adj* △ *inv*
  Ho comprato una giacca **blu.**

blau
  Ich habe mir eine blaue Jacke
  gekauft.

colorato, a *adj*
  Anche la biancheria **colorata** si
  può lavare in lavatrice.

bunt
  Auch Buntwäsche kann man in
  der Maschine waschen.

verde *adj*
  Ti piacciono quei pantaloni
  verde scuro?

grün
  Gefällt dir die dunkelgrüne
  Hose?

 Wenn ein Farbadjektiv zusammen mit *chiaro* hell- und *scuro* dunkel- verwendet wird, passt es sich in Zahl und Geschlecht nicht dem Substantiv an.

giallo, a *adj*
  In autunno le foglie diventano
  gialle.

gelb
  Im Herbst werden die Blätter
  gelb.

Formen

forma *f*
Ho fatto una torta a **forma** di cuore.

Form *f*
Ich habe eine Torte in Herzform gemacht.

rotondo, a *adj*
La Terra è **rotonda.**

rund
Die Erde ist rund.

cerchio *m* ⚠ *pl* **chi**
Per disegnare un **cerchio** ci vuole un compasso.

Kreis *m*
Um einen Kreis zu zeichnen, braucht man einen Zirkel.

quadrato *m*
Un **quadrato** ha quattro lati uguali.

Quadrat *n*
Das Quadrat hat vier gleich lange Seiten.

rettangolo *m*
Anche il **rettangolo** è una figura geometrica.

Rechteck *n*
Das Rechteck ist ebenfalls eine geometrische Figur.

triangolo *m*
Un **triangolo** ha tre angoli e tre lati.

Dreieck *n*
Das Dreieck hat drei Winkel und drei Seiten.

angolo *m*
Un quadrato ha quattro **angoli** retti.

Ecke *f;* **Winkel** *m*
Das Quadrat hat vier rechte Winkel.

croce *f*
Dovete fare una **croce** sulla risposta esatta.

Kreuz *n*
Bei der richtigen Antwort müsst ihr ein Kreuz machen.

ARTIKEL

un, uno *articolo* | **ein, eine, ein; einen, eine, ein**
(Nominativ und Akkusativ)

Ho incontrato **un** mio vecchio amico.
Ich habe einen alten Freund getroffen.

Un signore ha chiesto di te.
Ein Mann hat nach dir gefragt.

 Uno steht statt *un* bei Substantiven, die mit einem „esse impura" (s und Konsonant), einem gn, pn, ps, x oder z beginnen. Maßgebend ist der Anlaut des unmittelbar folgenden Wortes, z.B. *uno spagnolo, un signore spagnolo*.

una, un' *articolo* | **ein, eine, ein; einen, eine, ein**
(Nominativ und Akkusativ)

Ho mangiato **una** pizza quattro stagioni.
Ich habe eine Pizza Vier Jahreszeiten gegessen.

 Vor Wörtern, die mit einem Vokal beginnen, wird *una* zu *un'* verkürzt.

del, dello, della, dell' | *wird nicht übersetzt*
Teilungsartikel

Vorrei anche **delle** patate fritte.
Ich möchte auch noch Pommes frites.

 Zum Gebrauch von *dello* und *dell'* vergleiche bei *un, una* und *il*.

dei, degli, delle *Teilungsartikel* | *wird nicht übersetzt*

Prendo anche **dei** pomodori, **degli** asparagi e **delle** mele.
Außerdem nehme ich noch Tomaten, Spargel und Äpfel.

di *Teilungsartikel* | *wird nicht übersetzt*

Vorrei un chilo **di** pomodori.
Ich hätte gerne ein Kilo Tomaten.

 Di wird nach Mengenbegriffen wie z.B. *un chilo di* benützt.

il, l' *articolo*

Il televisore non funziona.

der, die, das; den, die, das
(Nominativ und Akkusativ)
Der Fernseher funktioniert
nicht.

Im Italienischen gibt es zwei Geschlechter, männlich (il) und
weiblich (la). Sie können im Deutschen der, die oder das heißen,
je nachdem welches Geschlecht die deutsche Entsprechung hat.
l' steht vor Substantiven, die mit einem Vokal oder einem stum-
men h beginnen. Der Genitiv wird gebildet mit *di* und Artikel, das
ergibt *del, dello, della, dell'* und im Plural *dei, degli, delle*. Der
Dativ wird gebildet mit *a* und Artikel, das ergibt *al, allo, alla, all'*
und im Plural *ai, agli, alle*.

lo *articolo*

Lo spumante è già fresco.

der, die, das; den, die, das
(Nominativ und Akkusativ)
Der Sekt ist schon kalt.

Lo steht statt *il* bei männlichen Substantiven, die mit einem „es-
se impura" (s und Konsonant), einem gn, pn, ps, x oder z begin-
nen.

la, l' *articolo*

La tua amica è un po' antipati-
ca.
Hai comprato **l'**insalata?

der, die, das; den, die, das
(Nominativ und Akkusativ) → il ⓘ
Deine Freundin ist ein bisschen
unsympathisch.
Hast du den Salat gekauft?

i *articolo*

Non trovo più **i** miei occhiali.

die *(maskulin Plural, Nominativ
und Akkusativ)*
Ich finde meine Brille nicht
mehr.

gli *articolo*

Gli amici di Lorella vengono più
tardi.

die *(maskulin Plural, Nominativ
und Akkusativ)*
Lorellas Freunde kommen
später.

Gli steht bei männlichen Substantiven im Plural, die mit einem
Vokal oder einem stummen h, einem „esse impura", gn, pn, ps, x
oder z beginnen.

le *articolo*

Le figlie di Paolo hanno sei e nove anni.

die *(feminin Plural, Nominativ und Akkusativ)*

Paolos Kinder sind sechs und neun Jahre alt.

PRONOMEN

io *pron*
Io ho sonno, vado a dormire. E tu?

ich
Ich bin müde. Ich gehe schlafen. Und du?

 Subjektpronomen sind im Italienischen immer stark betont. Man verwendet sie ohne Verb oder beim Verb zur Hervorhebung der Person, sonst werden sie weggelassen.

mi, m' *pron*
Fam**mi** questo piacere, per favore.

mir
Bitte tu mir den Gefallen.

mi, m' *pron*
Mi ami?

mich
Liebst du mich?

 Die unbetonten Objektpronomen werden nur in Verbindung mit dem Verb verwendet und stehen vor dem konjugierten Verb. Sie werden jedoch angehängt an den Imperativ (außer in der Sie-Form), an den Infinitiv, der dabei den Endvokal verliert, und an *ecco*. Vor Vokal und stummem h wird *mi* zu *m'*. Bei *dovere, volere, potere, sapere* und Infinitiv können sie vorangestellt werden, ebenso bei *andare/venire a* und Infinitiv, z.B. *Mi vieni a prendere?* oder *Vieni a prendermi?* Reflexivpronomen stehen vor dem konjugierten Verb.

tu *pron*
Tu quanti anni hai?

du
Und wie alt bist du?

ti, t' *pron*
Ti ho detto tutto quello che sapevo.

dir → me und mi ⓘ
Ich habe dir alles gesagt, was ich weiß.

ti, t' *pron*
Ti invito alla mia festa, basta che non porti Francesco.

dich
Ich lade dich zu meinem Fest ein. Du darfst nur Francesco nicht mitbringen.

egli, lui *pron*
Lui si è seduto tra me e lei.

er
Er hat sich zwischen mich und sie gesetzt.

gli *pron*
Gli devo ancora dei soldi.

ihm
Ich schulde ihm noch Geld.

lo, l' *pron*
Se lo vedo domani, glielo chiedo.
Non lo raccontare a nessuno.

ihn, sie, es *(bezieht sich auf ein Maskulinum)*
Ich frage ihn danach, wenn ich ihn morgen sehe.
Erzähl es aber niemandem.

 Lo kann sich auch auf einen Sachverhalt beziehen, wie im letzten Satz. → me und mi ⓘ

lei *pron*
Lo ha detto lei!

sie *(feminin Singular, Nominativ)*
Sie hat es gesagt!

le *pron*
Le ho regalato un bel libro.

ihr
Ich habe ihr ein schönes Buch geschenkt.

la, l' *pron*
La vedi ancora?
Compri tu l'acqua? – Sì, la compro io.

ihn, sie, es *(bezieht sich auf ein Femininum)*
Siehst du sie noch?
Besorgst du das Wasser? – Ja, ich besorge es.

si *pron*
Come si usa?
Se ne usa una quantità molto piccola.

man
Wie benutzt man das?
Davon nimmt man nur ganz wenig.

 Das unpersönliche Subjekt „man" wird im Italienischen durch die *si*-Konstruktion ausgedrückt.

Das unpersönliche Subjekt *si* wird nur vor *ne* zu *se*.

si *pron*

Marco **si** sta vestendo.

sich *(reflexiv, bezieht sich auf 3. Person Singular und Plural)*
Marco zieht sich gerade an.

noi *pron*
Noi abbiamo fame e voi?

wir
Wir haben Hunger. Und ihr?

ci *pron*
Ci venite a prendere?

uns *(Dativ und Akkusativ)*
Holt ihr uns ab?

voi *pron*
Voi a che ora vi alzate?

ihr
Und ihr? Wann steht ihr auf?

vi *pron*
Vi piace questa macchina?

euch *(Dativ und Akkusativ)*
Gefällt euch dieses Auto?

loro *pron*
Loro non sanno niente.

sie *(Nominativ)*
Sie wissen nichts.

gli, loro *pron*
Di**gli** di venire più tardi.

L'ho dato a **loro.**

ihnen *(Dativ)*
Sag ihnen, sie sollen später kommen.
Ich habe es ihnen gegeben.

li *pron*
Li ho incontrati ieri.

sie *(maskulin Plural, Akkusativ)*
Ich habe sie gestern getroffen.

le *pron*
Non **le** conosco bene.

sie *(feminin Plural, Akkusativ)*
Ich kenne sie nicht gut.

ci *pron*

Non **ci** pensavo più.

Ce ne occupiamo noi.

dahin, dorthin; dort; daran
usw.
Ich habe nicht mehr daran gedacht.
Wir kümmern uns darum.

 Ci bezieht sich auf zuvor genannte Ortsangaben oder sonstige Ergänzungen mit *a, in* oder *su*. *Ci* wird vor *lo, la, li, le* und *ne* zu *ce*.

ne *pron*

Non **ne** voglio più, grazie!

davon; welche(s); keine(s); darüber *usw.*
Nein danke, ich möchte nichts mehr davon.

 Ne wird zur Bezeichnung einer Teilmenge gebraucht. Es bezieht sich auch auf bereits genannte Personen oder Dinge und wird im Deutschen oft mit da und entsprechender Präposition übersetzt. *Ne* wird vor **è** apostrophiert.

Lei, lei *pron*
È **Lei** il signor Provvedi?

Sie *(Nominativ Singular)*, **sie**
Sind Sie Herr Provvedi?

 Im Italienischen verwendet man zur Bildung der Höflichkeitsform die dritte Person Singular Femininum. Bei der höflichen Anrede können die Personalpronomen groß- oder kleingeschrieben werden.

Le, le *pron*
Le mando subito un'e-mail.

Ihnen *(Dativ)*
Ich schicke Ihnen gleich eine E-Mail.

La, la *pron*
La ringrazio molto.

Ihnen *(Akkusativ)*
Ich danke Ihnen sehr.

Loro, loro *pron*
Come **Loro** desiderano.

Sie *(Nominativ Plural)*
Wie Sie wünschen.

Loro, loro *pron*
Dopo di **Loro**, prego.

Ihnen *(Dativ und Akkusativ)*
Bitte nach Ihnen.

 Loro wird im Plural als sehr formelle Anredeform verwendet.

Voi, voi *pron*
Voi desiderate altro?

Sie *(Nominativ)*
Wünschen Sie noch etwas?

Vi, vi *pron*
Vi inviamo un listino prezzi.

Ihnen *(Dativ)*
Wir schicken Ihnen eine Preisliste.

Vi, vi *pron*
Vi telefoniamo al più presto.

Sie *(Akkusativ)*
Wir rufen Sie sobald wie möglich an.

me *pron*   **mich; mir**
Cercate **me?**   Sucht ihr mich?
A **me** non interessa.   Das interessiert mich nicht.

 Die betonten Objektpronomen (*me*, *te*, usw.) werden gebraucht, wenn das Objekt besonders hervorgehoben werden soll. Sie werden im Gegensatz zu den unbetonten Objektpronomen auch gebraucht in Fragen und Antworten ohne Verb und nach den Präpositionen *a, di, da, con, per, senza*.

te *pron*   **dich; dir**
Te lo do domani.   Ich gebe es dir morgen.

lui *pron*   **ihn; ihm**
Lo mando a **lui.**   Ich schicke es ihm.

 Der Dativ wird bei all diesen betonten Pronomen mit *a* gebildet.

lei *pron*   **sie**
Per **lei** non ha importanza.   Für sie ist das nicht von Bedeutung.

noi *pron*   **uns**
Venite con **noi?**   Kommt ihr mit uns?

voi *pron*   **euch**
Veniamo volentieri con **voi.**   Wir gehen gerne mit euch.

loro *pron*   **sie; ihnen** *(Plural)*
È uno di **loro.**   Er ist einer von ihnen.

sé *pron*   **sich** *(reflexiv)*
È fuori di **sé** dalla rabbia.   Er ist außer sich vor Wut.

mio, a *adj* ⚠ *pl* ***miei, mie***   **mein(e)**
Non trovo più i **miei** occhiali.   Ich finde meine Brille nicht mehr.

 Possessivpronomen richten sich in Geschlecht und Zahl nach ihrem Beziehungswort, nur *loro* bleibt unverändert. Possessivpronomen stehen gewöhnlich in Verbindung mit dem bestimmten Artikel. Vor Verwandtschaftsbezeichnungen im Singular entfällt jedoch der Artikel (außer bei *loro*). Bei der höflichen Anrede verwendet man gegenüber einer Person die Formen von *suo*, gegenüber mehreren Personen die Formen von *vostro*.

tuo, a *adj* △ *pl tuoi, tue*
Tuo fratello è sposato?

dein(e)
Dein Bruder ist verheiratet?

 Die Possessivpronomen können auch substantivisch gebraucht werden *il tuo, la tua* der/die/das deine bzw. deiner/deine/deines.

suo, sua *adj* △ *pl suoi, sue*
Suo marito è ingegnere.

sein(e), ihr(e); Ihr(e)
Ihr Mann ist Ingenieur.

nostro, a *adj* △ *pl nostri, nostre*
Dove sono i **nostri** bagagli?

unser(e)

Wo ist unser Gepäck?

vostro, a *adj* △ *pl vostri, vostre*
I **vostri** genitori sono già arrivati?

eur(e); Ihr(e)

Sind eure Eltern schon angekommen?

loro *adj* △ *inv*
I **loro** cugini sono in Canada.

ihr(e)
Ihre Cousins sind in Kanada.

questo, a *pron, adj*
Queste mele sono acerbe.
Queste qui sono più mature.

diese(r, -s); der, die, das (hier)
Diese Äpfel sind sauer.
Diese hier sind reifer.

 Questo verweist auf Sachen und Personen in unmittelbarer Nähe des Sprechers.

quello, a *pron, adj*
Quelle ragazze sono simpatiche.
Quelle là invece sono antipatiche.

jene(r); der, die, das (da)
Die Mädchen da sind sympathisch.
Die dort sind allerdings unsympathisch.

 Quello verweist auf Sachen und Personen, die vergleichsweise weiter entfernt sind.

ciò *pron*
Ciò significa che non ci vediamo più.

das, dies
Das heißt, dass wir uns nicht wiedersehen.

stesso, a *pron, adj*

Mangiamo sempre le **stesse** cose.
Non lo vedevo da tanto, ma è sempre lo **stesso**.

der-/die-/dasselbe; der/die/das Gleiche
Wir essen immer das Gleiche.

Ich habe ihn schon ewig nicht mehr gesehen, aber er ist immer noch derselbe.

---

che *pron syn:* quale

Che fate stasera?
Che maglione preferisci?

Che colore è?

was; welche(r, -s), was für ein(e)
Was macht ihr heute Abend?
Welchen Pullover hättest du lieber?
Was ist das für eine Farbe?

che cosa *pron*
Che cosa volete mangiare?

was
Was wollt ihr essen?

quale *pron* ⚠ *pl* **quali**
Quale vuoi? Questo o quello?

welche(r, -s)
Welche/n/s willst du? Diese/n/s oder den/die/das da?

 Mit *quale* fragt man nach Sachen und Personen aus einer bestimmten Anzahl. *Quale* wird vor **è** zu *qual*.

quanto, a *pron, adj*
Quanti ne vuole?
Quante ragazze vengono?

wie viel(e)
Wie viel möchten Sie davon?
Wie viele Mädchen werden kommen?

chi *pron*
Chi è quella ragazza bionda che parla con Carlo?

wer; wen; wem
Wer ist das blonde Mädchen, das mit Carlo spricht?

---

ogni *adj* ⚠ *inv*
Vado **ogni** sera al ristorante.

jede(r, -s)
Ich gehe jeden Abend ins Restaurant.

 Ogni wird nur im Singular verwendet.

ciascuno, a *pron, adj*
Qui **ciascuno** può fare quello che vuole.
Ciascuna ragazza ha ricevuto un premio.

jede(r, -s)
Hier kann jeder machen was er will.
Jedes Mädchen bekam einen Preis.

qualche *adj* ⚠ *inv*
Devo comprare **qualche** cartolina.

einige; ein paar
Ich muss ein paar Karten kaufen.

 Auf *qualche* folgt immer ein Substantiv im Singular.

alcuno, a *pron, adj*

Alcuni se ne sono andati presto.
Alcune persone hanno cambiato programma.

einige; ein paar; kein(e); manche
Einige sind schon früh gegangen.
Einige Personen haben ihre Pläne geändert.

 Alcuno heißt in Sätzen ohne Negation einige, ein paar, in Sätzen mit Negation kein(e).

qualcuno, a *pron*
Ha telefonato **qualcuno?**

jemand
Hat jemand angerufen?

qualsiasi *adj syn:* qualunque
⚠ *inv*
Possiamo vederci un giorno **qualsiasi** della prossima settimana.

jede(r, -s) (beliebige); irgendein
Wir können uns nächste Woche an jedem beliebigen Tag treffen.

 Qualsiasi wird nur im Singular verwendet.

qualunque *adj syn:* qualsiasi
⚠ *inv*
Con Mirella si può parlare di **qualunque** argomento.

jede(r, -s) (beliebige); irgendein(e)
Mit Mirella kann man über jedes Thema reden.

 Qualunque wird nur im Singular verwendet.

nulla *pron syn:* niente
Non preoccuparti, non è **nulla** di grave.

nichts
Mach dir keine Sorgen, es ist nichts Ernstes.

poco, a *pron* ⚠ *pl* **chi, che**
Pochi conoscono quest'isola.

wenig; wenige
Diese Insel kennen nur wenige.

tanto, a *pron, adj*
Ho mangiato **tanto**.
Abbiamo mangiato **tanta** carne.

viel; viele
Ich habe viel gegessen.
Wir haben viel Fleisch gegessen.

troppo, a *pron, adj*
Oggi c'è **troppa** gente.

Questo è **troppo**.

zu viel; zu viele
Heute sind zu viele Leute unterwegs.
Das ist zu viel.

parecchi, parecchie *pron, adj*

Sono **parecchi** a conoscerlo.
Non ci vediamo da **parecchi** anni.

(ziemlich) viel; ziemlich viele, etliche
Er ist ziemlich bekannt.
Wir haben uns schon etliche Jahre nicht mehr gesehen.

vari, varie *adj*

Gli ho detto **varie** volte di venire.

verschiedene, unterschiedliche; mehrere
Ich habe ihm mehrmals gesagt, dass er kommen soll.

tale *pron*
Ho avuto una **tale** paura!

solch ein(e), so ein(e)
Ich hatte solche Angst!

PRÄPOSITIONEN

di *prep*

Sono **di** Verona.
Questi orecchini sono **d'**argento.
La situazione migliora **di** giorno in giorno.
Questa era la casa **di** mia nonna.

aus; von *(bzw. zur Bildung des Genitiv)*
Ich bin aus Verona.
Diese Ohrringe sind aus Silber.

Die Lage wird von Tag zu Tag besser.
Das war das Haus meiner Großmutter.

 Di und Artikel wird zu ***del, dell', dello, della, dei, degli, delle***.

a *prep*

Andiamo **al** mare.
Abitiamo **a** Firenze in Via Lorenzaccio.
Ci vediamo **alle** undici e mezza.
Quanti chilometri ci sono fino **a** Genova?
Ha regalato un anello d'oro **a** sua moglie.

an; in; um; bis *und zur Bildung des Dativs*
Wir fahren ans Meer.
Wir wohnen in Florenz, in der Via Lorenzaccio.
Wir treffen uns um halb zwölf.
Wie viele Kilometer sind es bis Genua?
Er hat seiner Frau einen goldenen Ring geschenkt.

da *prep*
Adesso dobbiamo ricominciare **da** zero.
Devo andare **dal** dottore.
Abita **da** una nostra amica.

Da giovane avevo i capelli lunghi.
Passiamo **da** Amburgo.

von; zu; bei; als; durch
Jetzt müssen wir wieder bei null anfangen.
Ich muss zum Arzt gehen.
Er/Sie wohnt bei einer Freundin von uns.
Als junges Mädchen hatte ich lange Haare.
Wir fahren durch Hamburg.

in *prep*
Abito **in** centro, **in** Via Garibaldi.
Nostra figlia è nata **nel** 1998.

L'anno prossimo andiamo **in** America.
Ho voglia di andare un po' **in** campagna.
Eravamo solo **in** tre.
Siamo andati da Paolo **in** macchina.

in; nach; auf; zu; mit
Ich wohne in der Innenstadt, in der Via Garibaldi.
Unsere Tochter ist 1998 geboren.
Nächstes Jahr fahren wir nach Amerika.
Ich hätte Lust, ein paar Tage aufs Land zu fahren.
Wir waren nur zu dritt.
Wir sind mit dem Auto zu Paolo gefahren.

con *prep*
È sempre molto gentile **con** noi.

Con **chi** vai a ballare?
Vado tutte le sere a correre, anche **con** la pioggia.

zu; mit; bei
Er/Sie ist immer sehr freundlich zu uns.
Mit wem gehst du tanzen?
Ich gehe jeden Abend laufen, auch bei Regen.

ⓘ Die Formen *col* und *coi* sind selten. In der modernen Alltagssprache hat sich die getrennte Form durchgesetzt.

su *prep*
So molte cose **su** di lui.
La bottiglia è **sul** tavolo.

Produciamo solo **su** ordinazione.

über, auf; nach
Ich weiß viel über ihn.
Die Flasche steht auf dem Tisch.
Wir fertigen nur auf Bestellung.

per *prep*
Qual è il programma **per** domani?
Mandiamo tutto domani **per** corriere.
Dobbiamo passare **per** il centro.
Il treno **per** Salisburgo parte dal secondo binario.
Il lavoro deve essere pronto **per** fine mese.

für; per, durch; nach; bis
Wie sieht das Programm für morgen aus?
Wir schicken alles morgen per Post.
Wir müssen durch die Innenstadt fahren.
Der Zug nach Salzburg fährt auf Gleis 2 ab.
Die Arbeit muss bis Ende des Monats fertig sein.

tra *prep syn:* fra
Tra amici non ci sono segreti.

La lampada è **tra** la poltrona e il divano.
Tra un'ora inizia il film.

unter; zwischen; in
Unter Freunden gibt es keine Geheimnisse.
Die Lampe steht zwischen dem Sessel und dem Sofa.
Der Film fängt in einer Stunde an.

contro *prep*
Sono tutti **contro** di me.

gegen
Alle sind gegen mich.

entro *prep*
Entro domani deve essere tutto pronto.
Devo pagare **entro** quattro settimane.

bis; innerhalb; binnen
Bis morgen muss alles fertig sein.
Ich muss binnen vier Wochen bezahlen.

invece di *prep*
Invece di agire, lui perde tempo in chiacchiere.

(an)statt zu
Statt zu handeln, vergeudet er seine Zeit mit Reden.

senza *prep opp:* con
Vorrei un'acqua minerale **senza** gas.

ohne
Ich möchte ein Mineralwasser ohne Kohlensäure.

insieme a *prep*
Insieme a loro mi diverto sempre molto.

(zusammen) mit
Mit ihnen habe ich immer viel Spaß.

malgrado *prep syn:* nonostante
Siamo usciti **malgrado** il freddo.

trotz
Wir sind trotz der Kälte hinausgegangen.

riguardo a *prep*
Riguardo a questa faccenda non ho nulla da dire.

was ... betrifft
Was diese Angelegenheit betrifft, so habe ich nichts dazu zu sagen.

KONJUNKTIONEN UND ADVERBIEN

che *conj*
Credo **che** dica la verità.

dass
Ich glaube, dass er die Wahrheit sagt.

 Die Konjunktion **che** zusammen mit bestimmten Verben, die Ungewissheit, eine persönliche Meinung oder ein Gefühl ausdrücken, löst im Nebensatz automatisch den Konjunktiv aus.

come *conj*
Vi raccontiamo **come** sono andate le vacanze.

(so) wie
Wir erzählen euch, wie der Urlaub war.

e *conj*
Abbiamo fatto colazione **e** siamo usciti.
Abbiamo bevuto **e** mangiato molto bene.

und
Wir haben gefrühstückt und sind dann ausgegangen.
Wir haben sehr gut gegessen und getrunken.

anzi *adv*
Non è scemo, **anzi,** è piuttosto furbo!

im Gegenteil
Er ist nicht dumm. Im Gegenteil, er ist eher schlau!

benché *conj syn:* nonostante, malgrado
Benché il tempo sia bello, non ho voglia di uscire.

obwohl

Obwohl das Wetter schön ist, habe ich keine Lust hinauszugehen.

 Nach **benché** steht immer der Konjunktiv.

comunque *conj, adv*

Lo farà **comunque**.

wie auch immer; jedoch; trotzdem
Er/Sie wird es trotzdem tun.

eppure *conj*
C'è il sole, **eppure** fa freddo.

aber doch, dennoch
Es ist zwar sonnig, aber doch kalt.

inoltre *adv*

È molto tardi, **inoltre** sono stanca.

darüber hinaus, überdies, außerdem
Es ist schon sehr spät und außerdem bin ich müde.

su *adv*
Su, coraggio!
Su, svelto, è tardi!

L'ingresso è permesso dai diciott'anni in **su**.

auf, los; aufwärts; ab
Auf, auf, nur Mut!
Los, mach schnell, es ist schon spät!
Zutritt erst ab 18 Jahren.

ma *conj syn:* però
Luigi è carino, **ma** antipatico.

aber
Luigi ist zwar hübsch, aber unsympathisch.

neanche *adv, conj*
Neanche mio padre è contento di me.
Non so **neanche** come si chiama.

nicht einmal; auch nicht
Nicht einmal mein Vater ist zufrieden mit mir.
Ich weiß nicht einmal wie er/sie heißt.

tuttavia *conj syn:* però
Vengo anch'io, **tuttavia** non posso fare tardi.

trotzdem, jedoch, aber
Ich komme auch, aber ich kann nicht lange bleiben.

casomai *conj*
Casomai venissi a Berlino, vieni a trovarmi!

falls
Falls du nach Berlin kommst, besuch mich mal!

considerando che *conj*

Considerando che non è più giovanissima, se la cava bene!

wenn man bedenkt, dass; in Anbetracht der Tatsache, dass
Sie ist noch ganz schön fit, wenn man bedenkt, dass sie nicht mehr die Jüngste ist.

a meno che *conj*
Non vengo, **a meno che** non abbiate bisogno del mio aiuto.

es sei denn, dass; außer wenn
Ich komme nicht, es sei denn, ihr braucht meine Hilfe.

 Nach *a meno che* steht immer die Verneinung.

non solo ... ma anche *conj*
Non solo è venuto senza invito, **ma** ha **anche** mangiato tutti i pasticcini!

nicht nur ... sondern auch
Nicht nur, dass er ohne Einladung kam, er hat auch noch die ganzen Plätzchen aufgegessen.

sebbene *conj*
Sebbene avesse solo quindici anni, sembrava molto matura.

obwohl
Obwohl sie erst fünfzehn war, wirkte sie schon sehr reif.

 Nach *sebbene* steht immer der Konjunktiv.

senza che *conj*
È venuto **senza che** glielo chiedessi.

ohne dass
Er kam, ohne dass ich ihn darum gebeten hatte.

 Nach *senza che* steht immer der Konjunktiv.

HILFS- UND MODALVERBEN

essere *v* ⚠ *irr* 36
Noi **siamo** fratello e sorella..
Siamo **stati** insieme tutto il giorno.
Laura e Lucia **sono** andate a casa.
È durato a lungo.

sein; haben
Wir sind Bruder und Schwester.
Wir waren den ganzen Tag zusammen.
Laura und Lucia sind nach Hause gegangen.
Es hat lange gedauert.

 Essere wird auch, wie im Deutschen, als Vollverb benützt. Als solches wird es mit dem Hilfsverb *essere* konjugiert. Als Hilfsverb wird es benutzt, um zusammengesetzte Zeiten von Reflexivverben, Verben der Bewegung und einigen anderen Verben zu bilden. Dabei richtet sich das Partizip Perfekt in Zahl und Geschlecht nach dem Subjekt. Besteht das Subjekt aus mehreren Substantiven verschiedenen Geschlechts, so verwendet man die männliche Form.

avere _v_ ⚠ _irr_ 8
Ho tre fratelli e due sorelle.

Ho caldo, facciamo un bagno?

Abbiamo camminato a lungo.
Abbiamo comprato tante cose
al mercato.

haben; sein
Ich habe drei Brüder und zwei
Schwestern.
Mir ist heiß, gehen wir
schwimmen?
Wir sind lange herumgelaufen.
Wir haben viel auf dem Markt
eingekauft.

**Avere** wird auch als Vollverb verwendet. Als Hilfsverb wird es bei
den meisten Verben zur Bildung der zusammengesetzten Ver-
gangenheitszeiten verwendet. Dabei bleibt das Partizip gewöhn-
lich unverändert.

potere _v_ ⚠ _irr_ 53
Mi dispiace, non **posso** venire.

Posso dare un'occhiata?

können; dürfen
Es tut mir Leid, aber ich kann
nicht kommen.
Darf ich einmal sehen?

dovere _v_ ⚠ _irr_ 34
È tardi, **devo** andare.

müssen; sollen
Es ist schon spät, ich muss ge-
hen.

volere _v_ ⚠ _irr_ 88
Vorrei ancora un'aranciata, per
favore.

wollen, mögen
Ich möchte bitte noch eine
Orangenlimonade.

Eine höfliche Bitte wird mit _**vorrei**_ und nicht mit _**voglio**_ ausge-
drückt.

sapere _v_ ⚠ _irr._
Purtroppo non **so** giocare a
tennis.

können
Leider kann ich nicht Tennis
spielen.

stare _v_ ⚠ _irr_ 76
Come **state?**
Sono stato fuori tutto il giorno.

Lia sta lavorando.

sein
Wie geht es euch?
Ich war den ganzen Tag unter-
wegs.
Lia arbeitet gerade.

**Stare** wird als Vollverb unter anderem verwendet im Sinne von
„sein" und wird mit _**essere**_ konjugiert. Mit _**stare**_ und Gerundium
wird ein Geschehen ausgedrückt, das gerade stattfindet.

stare facendo *v*
  Che cosa **state facendo?**

gerade sein; gerade machen
  Was macht ihr gerade?

venire *v* ⚠ *irr* 85
  Viene operato domani mattina.

werden
  Er wird morgen früh operiert.

 venire wird in den einfachen Zeiten zur Bildung des Passivs verwendet.

Die wichtigsten unregelmäßigen Verben

(Die nicht aufgeführten Formen sind regelmäßig oder können abgeleitet werden)

Es bedeuten:

pres.	= indicativo presente	*cong.i.*	= congiuntivo imperfetto
imp.	= indicativo imperfetto	*cond.*	= condizionale presente
pr.	= passato remoto	*imper.*	= imperativo
fut.	= indicativo futuro	*pp.*	= participio passato

(1) accendere
pr.: **accesi, accese, accesero**   *pp.:*   **acceso**

(2) accorgersi
pr.: mi **accorsi**, si **accorse**, si **accorsero** *pp.:* **acceso**

(3) andare
pres.: **vado, vai, va, andiamo, andate, vanno**
fut.: **andrò** *usw.*   *pp.:*   **andrei** *usw.*
cong.p.: **vada, vada, vada, vadano**
imper.: **va** *oder* **vai** *oder* **va', vada, vadano**

(4) apparire
pres.: **appaio, appaiono**   *imper.:* **appaia, appaiano**
pr.: **apparii, apparisti, apparì**
cong.p.: **appaia, appaia, appaia, appaiano** *pp.:* **apparso**

(5) aprire
pres.: **aprii, apristi** *usw. oder:* **apersi, aperse, apersero**
pp.: **aperto**

(6) assolvere
pr.: **assolsi, assolse, assolsero**   *pp.:*   **assolto**

(7) assumere
pr.: **assunsi, assunse, assunsero**   *pp.:*   **assunto**

(8) avere
pres.: **ho, hai, ha, abbiamo, avete, hanno**
pr.: **ebbi, ebbe, ebbero**   *pp.:*   **avuto**
fut.: **avrò** *usw.*   *cond.:* **avrei** *usw.*
cong.p.: **abbia, abbia, abbia, abbiamo, abbiate, abbiano**
imper.: **abbi, abbia, abbiamo, abbiate, abbiano**

(9) bere
pres.: **bevo, bevi, beve, beviamo, bevete, bevono**
imp.: **bevevo** *usw.*   *pp.:*   **bevuto**
pr.: **bevvi, bevesti, bevve, bevvero** *oder:* **bevetti, bevette, bevettero**
fut.: **berrò** *usw.*   *cond.:* **berrei** *usw.*
cong.p.: **beva** *usw.*   *cong.i.:* **bevessi** *usw.*

(10) cadere
pr.:   **caddi, cadde, caddero**
fut.:   **cadrò** *usw.*   *cond.:*   **cadrei** *usw.*

(11) chiedere
pr.:   **chiesi, chiese, chiesero**   *pp.:*   **chiesto**

(12) chiudere
pr.:   **chiuse, chiuse, chiusero**   *pp.:*   **chiuso**

(13) cogliere
pres.: **colgo, colgono**   *pr.:*   **colsi, colse, colsero**
cong.p.: **colga, colga, colga, colgano**   *pp.:*   **colto**

(14) compiere
pres.: **compio, compi, compie, compiamo, compite, compiono**
cong.p.: **compia** *usw.*   *cong.i.:* **compissi** *usw. oder:* **compiessi**

(15) concedere
pr.:   **concessi, concesse, concessero** *pp.:*   **concesso**

(16) concludere
pr.:   **conclusi, concluse, conclusero** *pp.:*   **concluso**

(17) condurre
pres.: **conduco, conduci, conduce, conduciamo, conducete,**
         conducono
imp.:   **conducevo** *usw.*   *pp.:*   **condotto**
pr.:   **condussi, conducesti, condusse, condussero**
fut.:   **condurrò** *usw.*   *cond.:*   **condurrei** *usw.*
cong.p.: **conduca** *usw.*   *cong.i.:* **conducessi** *usw.*

(18) conoscere
pr.:   **conobbi, conobbe, conobbero** *pp.:*   **conosciuto**

(19) coprire
pr.:   **coprii, copristi** *usw. oder:* **copersi, coperse, copersero**
pp.:   **coperto**

(20) correggere
pr.:   **corressi, corresse, corressero** *pp.:*   **corretto**

(21) correre
pr.:   **corsi, corse, corsero**   *pp.:*   **corso**

(22) crescere
pr.:   **crebbi, crebbe, crebbero**   *pp.:*   **cresciuto**

(23) cucire
pres.: **cucio, cuciamo, cuciono**   *cong.p.:* **cucia** *usw.*

(24) dare
pres.: **do, dai, dà, diamo, date, danno**
pr.:   **diedi, desti, diede, demmo, deste, diedero**
fut.:   **darò** *usw.*   *cond.:*   **darei** *usw.*
cong.p.: **dia, dia, dia, diamo, diate, diano**   *pp.:*   **dato**
cong.i.: **dessi, dessi, desse, dessimo, deste, dessero**
imper.: **dà** *oder* **dai** *oder* **da', dia, diamo, date, diano**

(25) decidere

pr.:	decisi, decise, decisero	*pp.:*	deciso

(26) difendere

pr.:	difesi, difese, difesero	*pp.:*	difeso

(27) dipendere

pr.:	dipesi, dipese, dipesero	*pp.:*	dipeso

(28) dipingere

pr.:	dipinsi, dipinse, dipinsero	*pp.:*	dipinto

(29) dire

pr.:	dico, dici, dice, diciamo, dite, dicono		
imp.:	dicevo *usw.*	*pp.:*	detto
pr.:	dissi, dicesti, disse, dissero		
fut.:	dirò *usw.*	*cond.:*	direi *usw.*
cong.p.:	dica *usw.*	*cong.i.:*	dicessi *usw.*
imper.:	di *oder* di', dica, diciamo, dite, dicano		

(30) dirigere

pr.:	diressi, diresse, diressero	*pp.:*	diretto

(31) discutere

pr.:	discussi, discusse, discussero	*pp.:*	discusso

(32) distruggere

pr.:	distrussi, distrusse, distrussero	*pp.:*	distrutto

(33) dividere

pr.:	divisi, divise, divisero	*pp.:*	diviso

(34) dovere

pres.:	devo, devi, deve, dobbiamo, dovete, devono		
pr.:	dovei, dovesti *usw. oder:* dovetti, dovette, dovettero		
fut.:	dovrò *usw.*	*cond.:*	dovrei *usw.*
cong.p.:	debba, debba, debba, dobbiamo, dobbiate, debbano		

(35) esprimere

pr.:	espressi, espresse, espressero	*pp.:*	espresso

(36) essere

pres.:	sono, sei, è, siamo, siete, sono		
imp.:	ero, eri, era, eravamo, eravate, erano		
pr.:	fui, fosti, fu, fummo, foste, furono		
fut.:	sarò, sarai, sarà, saremo, sarete, saranno		
cong.p.:	sia, sia, sia, siamo, siate, siano		
cong.i.:	fossi, fossi, fosse, fossimo, foste, fossero		
cond.:	sarei, saresti, sarebbe, saremmo, sareste, sarebbero		
imp.:	sii, sia, siamo, siate, siano	*pp.:*	stato

(37) fare

pres.:	faccio, fai, fa, facciamo, fate, fanno		
imp.:	facevo *usw.*	*pp.:*	**fatto**
pr.:	feci, facesti, fece, fecero		
fut.:	farò *usw.*	*cond.:*	**farei** *usw.*
cong.p.:	faccia *usw.*	*cong.i.:*	**facessi** *usw.*
imper.:	fà *oder* fai *oder* fa', faccia, facciamo, fate, facciano		

(38) giungere

pr.:	giunsi, giunse, giunsero	*pp.:*	**giunto**

(39) godere

fut.:	godrò *usw.*	*cond.:*	**godrei** *usw.*

(40) leggere

pr.:	lessi, lesse, lessero	*pp.:*	**letto**

(41) mettere

pr.:	misi, mise, misero	*pp.:*	**messo**

(42) mordere

pr.:	morsi, morse, morsero	*pp.:*	**morso**

(43) morire

pres.:	muoio, muori, muore, moriamo, morite, muoiono		
fut.:	morirò *usw.*	*cond.:*	**morirei** *usw.*
cong.p.:	muoia, muoia, muoia, moriamo, moriate, muoiano		
imper.:	muori, muoia, muoiano	*pp.*	**morto**

(44) muovere

pr.:	mossi, mosse, mossero	*pp.:*	**mosso**

(45) nascere

pr.:	nacqui, nascesti, nacque, nacquero	*pp.:*	**nato**

(46) nascondere

pr.:	nascosi, nascose, nascosero	*pp.:*	**nascosto**

(47) offendere

pr.:	offesi, offese, offesero	*pp.:*	**offeso**

(48) offrire

pr.:	offrii *usw. oder:* offersi, offerse, offersero
pp.:	offerto

(49) perdere

pr.:	persi, perse, persero	*pp.:*	**perso** *oder* **perduto**

(50) piacere

pres.:	piaccio, piacciamo, piacciono
pr.:	piacqui, piacque, piacquero
cong.p.:	piaccia, piaccia, piaccia, piacciamo, piacciate, piacciano

(51) piangere

pr.:	piansi, pianse, piansero	*pp.:*	**pianto**

(52) porre

pres.:	**pongo, poni, pone, poniamo, ponete, pongono**		
imp.:	**ponevo** *usw.*	*pp.:*	**posto**
pr.:	**posi, ponesti, pose, posero**		
fut.:	**porrò** *usw.*	*cond.:*	**porrei** *usw.*
cong.p.:	**ponga** *usw.*	*cong.i.:*	**ponessi** *usw.*

(53) potere

pres.:	**posso, puoi, può, possiamo, potete, possono**		
fut.:	**potrò** *usw.*	*cond.:*	**potrei** *usw.*
cong.p.:	**possa, possa, possa, possiamo, possiate, possano**		

(54) prendere

pr.:	**presi, prese, presero**	*pp.:*	**preso**

(55) proteggere

pr.:	**protessi, protesse, protessero**	*pp.:*	**protetto**

(56) pungere

pr.:	**punsi, punse, punsero**	*pp.:*	**punto**

(57) rendere

pr.:	**resi, rese, resero**	*pp.:*	**reso**

(58) ridere

pr.:	**risi, rise, risero**	*pp.:*	**riso**

(59) riflettere

pr.:	**riflessi, riflesse, riflessero**	*pp.:*	**riflesso** *oder* **riflettuto**

(60) rimanere

pres.:	**rimango, rimangono**		
pr.:	**rimasi, rimase, rimasero**	*pp.:*	**rimasto**
fut.:	**rimarrò** *usw.*	*cond.:*	**rimarrei** *usw.*
cong.p.:	**rimanga, rimanga, rimanga, rimangano**		

(61) rispondere

pr.:	**risposi, rispose, risposero**	*pp.:*	**risposto**

(62) rompere

pr.:	**ruppi, ruppe, ruppero**	*pp.:*	**rotto**

(63) salire

pres.:	**salgo, salgono**	*imper.:*	**salga, salgano**
cong.p.:	**salga, salga, salga, salgano**		

(64) sapere

pres.:	**sa, sai, sa, sappiamo, sapete, sanno**		
pr.:	**seppi, seppe, seppero**		
fut.:	**saprò** *usw.*	*cond.:*	**saprei** *usw.*
cong.p.:	**sappia, sappia, sappia, sappiamo, sappiate, sappiano**		
imper.:	**sappi, sappiate**		

(65) scegliere
pres.:   **scelgo, scelgono**   *pr.:*   **scelsi, scelse, scelsero**
cong.p.: **scelga, scelga, scelga, scelgano**   *pp.:*   **scelto**

(66) scendere
pr.:   **scesi, scese, scesero**   *pp.:*   **sceso**

(67) sciogliere
pres.:   **sciolgo, sciolgono**   *pr.:*   **sciolsi, sciolse, sciolsero**
cong.p.: **sciolga, sciolga, sciolga, sciolgano**
imper.: **sciolga, sciolgano**   *pp.:*   **sciolto**

(68) sconfiggere
pr.:   **sconfissi, sconfisse, sconfissero**   *pp.:*   **sconfitto**

(69) scrivere
pr.:   **scrissi, scrisse, scrissero**   *pp.:*   **scritto**

(70) sedere
pres.:   **siedo, siedi, siede, siedono**
cong.p.: **sieda, sieda, sieda, siedano**

(71) sorgere
pr.:   **sorsi, sorse, sorsero**   *pp.:*   **sorto**

(72) sottrarre
pres.:   **sottraggo, sottrai, sottrae, sottraiamo, sottraete, sottrag-
           gono**
pr.:   **sottrassi, sottraesti, sottrasse, sottrassero**
fut.:   **sottrarrò** *usw.*   *cond.:*   **sottrarrei** *usw.*
cong.p.: **sottragga, sottragga, sottragga, sottragano**
cong.i.: **sottraessi** *usw.*   *imper.:* **sottragga, sottraggano**
pp.:   **sottratto**

(73) spegnere
pr.:   **spensi, spense, spensero**   *pp.:*   **spento**

(74) spendere
pr.:   **spesi, spese, spesero**   *pp.:*   **speso**

(75) spingere
pr.:   **spinsi, spinse, spinsero**   *pp.:*   **spinto**

(76) stare
pres.:   **sto, stai, sta, stiamo, state, stanno**
pr.:   **stetti, stesti, stette, stemmo, steste, stettero**
fut.:   **starò** *usw.*   *cond.:*   **starei** *usw.*
cong.p.: **stia, stia, stia, stiamo, stiate, stiano**
imper.: **sta** *oder* **stai** *oder* **sta'**, **stiamo, state, stiano**
pp.:   **stato**

(77) stringere
pr.:   strinsi, strinse, strinsero   *pp.:*   stretto

(78) tacere
pres.:   taccio, tacciamo, tacciono
pr.:   tacqui, tacque, tacquero   *pp.:*   taciuto
cong.p.:   taccia, taccia, taccia, tacciamo, tacciate, tacciano

(79) tendere
pr.:   tesi, tese, tesero   *pp.:*   teso

(80) tenere
pres.:   tengo, tieni, tiene, teniamo, tenete, tengono
pr.:   tenni, tenne, tennero
fut.:   terrò *usw.*   *cond.:*   terrei *usw.*
cong.p.:   tenga, tenga, tenga, tengano

(81) togliere
pres.:   tolgo, tolgono   *pr.:*   tolsi, tolse, tolsero
cong.p.:   tolga, tolga, tolga, tolgano
imper.:   tolga, tolgano   *pp.:*   tolto

(82) uccidere
pr.:   uccisi, uccise, uccisero   *pp.:*   ucciso

(83) uscire
pres.:   esco, esci, esce, usciamo, uscite, escono
cong.p.:   esca, esca, esca, escano

(84) vedere
pr.:   vidi, vide, videro   *pp.:*   visto *oder* veduto
fut.:   vedrò *usw.*   *cond.:*   vedrei *usw.*
ebenso **prevedere** *(aber mit regelmäßigem fut, und cond.)*

(85) venire
pres.:   vengo, vieni, viene, veniamo, venite, vengono
pr.:   venni, venne, vennero
fut.:   verrò *usw.*   *cond.:*   verrei *usw.*
cong.p.:   venga, venga, venga, vengano   *pp.:*   venuto

(86) vincere
pr.:   vinsi, vinse, vinsero   *pp.:*   vinto

(87) vivere
pr.:   vissi, visse, vissero   *pp.:*   vissuto
fut.:   vivrò *usw.*   *cond.:*   vivrei *usw.*

(80) volere
pres.:   voglio, vuoi, vuole, vogliamo, volete, vogliono
pr.:   volli, volle, vollero
fut.:   vorrò *usw.*   *cond.:*   vorrei *usw.*
cong.p.:   voglia, voglia, voglia, vogliamo, vogliate, vogliano

Register